CAIXA DE FACAS

érica nara bombardi

CAIXA DE FACAS

1ª edição | São Paulo, 2024

LARANJA ● ORIGINAL

You don't need me here to cut you
You don't need me here to cut you
You don't need me here to cut you
You don't need me here to cut you
Free.
[Amanda Palmer, "Machete"]

Liberdade é pouco. O que desejo ainda não tem nome.
[Clarice Lispector, "Perto do coração selvagem"]

A minha irmãzinha Patricia,
para sempre jovem

PREFÁCIO

Clara Baccarin

Ao abrir essa *Caixa de facas*, penetramos em narrativas protagonizadas por mulheres vivenciando um estado de corte. O momento preciso em que ele (o corte) acontece, ou então um pré-corte, ou um pós-corte. Há um incômodo que desnaturaliza os roteiros femininos, uma pedra no sapato que já não pode ser ignorada, uma angústia ancestral. Um novo olhar então emerge, por escolha ou por simples acidente, e acontece uma ruptura, uma suspensão, uma fresta – que sangra, mas que também traz (ou quer trazer) uma certa luz, muitas vezes difícil de encarar de tão forte. Essas mulheres estão em algum estado latente de autodesmascaramento.

As facas, instrumentos afiados, estão numa caixa – fechada. Tanto tempo guardada, a caixa, mas é preciso abrir para que se respire (para que se lembre), mesmo que corte (e corta!) uns veios, uns jeitos, uns caminhos que o corpo e a alma de mulher já não querem percorrer. É preciso desengavetar e abrir a caixa de facas.

Algo se rompeu por dentro, e a mulher mesmo enlouquecida ou assustada, se depara com seus roteiros doutrinados, rotinas estafadas e amores ultrapassados. Nada do mundo externo poderá ser visto novamente da mesma maneira.

Percorre a pergunta por entre essas narrativas que abriram frestas: e agora, como estar no mundo?

E as linhas de Érica parecem responder: pelo sonho, pela memória, pela loucura, pela inventividade, pelo fantástico, pela imaginação. Pela escrita.

Então, as histórias de Érica Bombardi perturbam e desacomodam, principalmente as almas que ainda não abriram suas caixas. Mas, apesar dos temas e das cenas incisivas, a leitura flui maleavelmente, as frases, as páginas vão se desenrolando aos nossos olhos como se tivéssemos encontrado uma corrente de ar quente na asa de nosso parapente, a nos conduzir alto, mas já não queremos descer – apesar do medo ao ver nossos pés longe do chão. É fácil chegar ao fim deste livro.

Imagino que isso aconteça porque o livro é altamente imaginativo, criativo, lírico e filosófico, contendo um humor e um certo sarcasmo por vezes. As histórias são boas e bem escritas, as personagens bem desenhadas, assim como seus ambientes (internos e externos), e os nossos cinco sentidos (às vezes seis sentidos) são constantemente despertados.

É através da memória, dos sonhos, da imaginação, da loucura que essas mulheres encontram espaços de fuga. Muitas vezes, a libertação é apenas um vislumbre, uma possibilidade distante ou quase impossibilidade – que a própria narrativa constata – e assim a personagem fica presa num vão entre dois mundos, que alucina entre a incapacidade de voltar e a de seguir. E fica entre essas camadas agridoces: entre macarons, salas de sacristias, saltos altos, estradas, maquiagens, quartos de hospitais, pavês de amendoim e saias palitos, madrugadas, casas em ruínas, animais selvagens, varandas e mãos masculinas que tocam brevemente e somem.

Outras vezes a libertação é a morte, ou o contato íntimo com ela – visões de vultos, proximidade com defunto e flertes com o suicídio.

Assim, o universo onírico ocupa lugar de destaque em muitos desses contos. Talvez por ser um espaço de liberdade que contrasta com as limitações do mundo real, possibilita o contato com pessoas que já morreram, ou torna-se pesadelo, o retrato de um mundo opressivo que sufoca a criatividade e a invenção.

É muito interessante notar também neste livro as formas narrativas escolhidas pela autora. Os contos são majoritariamente narrados em primeira pessoa e a autora muitas vezes escolhe formas inusitadas de narrar. O discurso direto se apresenta em algumas histórias, porém presenciamos apenas uma das vozes desses diálogos, deixando para nós leitores imaginarmos, ou subentendermos, a fala e as respostas da outra personagem com quem se conversa.

Em outro conto, vemos o diálogo do escritor com seu personagem fictício se perdendo de seu real universo. Há também uma carta para uma estátua ou persona que já não existe mais ou que se imaginou e nessa carta intercalam-se vozes narrativas de duas mulheres, a filha e a mãe que sempre a interrompe. Em outro conto ainda, a personagem vai descrevendo uma autópsia, entre um corte em um membro e uma linha de imaginação.

Vemos também inserção de letras de música e orações religiosas mescladas ao fio narrativo. Aliás, é bem recorrente em *Caixa de facas* elementos da religião católica: a igreja, o padre, a missa de domingo, o coral, a tia carola e toda a perversidade e hipocrisia por trás.

O que está sendo narrado não são fatos, histórias verossímeis, tudo fica no universo do sugerível e do subjetivo. Às vezes surge um coelho, uma criança, um marido, um vulto... mas não sabemos ao certo se estamos vendo mesmo um coelho, uma criança, um marido, um vulto. Isso porque talvez estejamos enxergando pelas sensações da personagem. Sensações que estão tantas vezes tingidas de dores, perdas, lutos, cansaços, abusos, dependências emocionais, medos e vontade de libertação. São, então, visões turvas e para nós leitores nada fica explícito, há uma sombra, um mistério, uma neblina, que deixa transparecer lentamente cenas e sentimentos mais íntimos.

Mas há o corte, indubitavelmente o corte.

SUMÁRIO

Meu amor..15
O nome..29
Refém..35
Gênesis..39
Caixa de facas..45
Sangue..49
Casamento...57
Supermercado...61
Protagonista..65
Bella donna..71
Alguma coisa bela..81
Uma força da natureza...................................87
A hora mágica...93
Lichia..107
Vaso de cristal...113
Ondas...117
Sombra...123
Eu preciso ir..131
Esperança..135
Coisas frágeis..139
Vem...145
Suave coisa nenhuma...................................151
Travessia..157

Meu amor

Ele era o homem perfeito.
Perfeitos modos à mesa, diligente com os negócios, atencioso.
Não estou inventando desculpas. Não faria isso. Algemas. Já tentaram escapar. Nem preciso ser brilhante para adivinhar isso. Sabe que não precisa esconder o rosto. Para quê? Enfim. Cada um é cada um.
Ele era perfeito.
Você entendeu, aposto. *Era*. Foi minha culpa, pois eu bem sabia que ele era perfeito se tudo estava exatamente como ele queria.
Lembro da noite em que ele se foi. Naquela noite, recebemos os amigos da firma dele. Amigos, não tenho amigos, ele me dizia. Ele ria com eles, contava piadas com eles, enlaçava as amigas de escritório pela cintura. Esposa, eu não tenho esposa, aposto que ele dizia isso a elas. Eu preparei a comida. Nunca fui uma boa cozinheira. Por isso encomendei boa parte do buffet. Mas nunca eu ia admitir isso. Para você, aqui, não há razão. Afinal, eu sei por que estou aqui. Esqueça as algemas. Não vou fugir.
Ele riu a noite inteira. Até me ajudou a servir os canapés. Deve ter bebido um pouco além, me beijou no meio do jantar, elogiou meus dotes, Se vocês fossem como ela, eu não precisaria demitir ninguém. Ele riu, como riu. O

pessoal tentou acompanhar, mas ele riu muito além do limite. Então, eu propus um brinde. Ele ergueu a taça, todos erguemos. Parecíamos imersos num daqueles filmes americanos dos anos quarenta.

Quando todos foram embora, antes mesmo que eu dissesse Deixe as coisas que eu arrumo amanhã, meu bem, ele abriu a gaveta da cozinha e pegou uma faca. Uma daquelas facas grandes de cortar carne. Vasculhei minha memória. Meu erro. No jantar, eu o interrompi, eu sabia que era isso. Não imaginei que ele ligaria, estava tão bêbado, imaginei que ele me arrastaria para a cama e me foderia até desmaiar. Não sem antes de esmurrar no abdome, não no rosto, benzinho, nunca, ele não era burro, o que diriam os vizinhos, Minha mulher gosta de gritar, ele disse várias vezes enquanto fazia sua dança mímica de foder. Os vizinhos riam. As vizinhas riam.

Ele pegou a faca.

Eu pedi desculpas, Desculpe, meu amor, eu sussurrei.

Nunca, nunca ele havia pegado uma faca antes.

Ele disse que eu não entendia, Você não entende nada, ele cerrou o maxilar.

Eu devo ter me desesperado. Não há outra explicação. Eu devo ter me desesperado.

Lembro de ter esbarrado na mesa, o resto de pudim tremeu e se quebrou. Devia ter colocado na geladeira, pensei.

Minha avó me ensinou a cozinhar. Bem, ela tentou. Eu aprendi a fazer feijão, arroz, alguns doces. Minha especialidade era o pão enrolado de mortadela. Foi isso que fiz no piquenique da faculdade. Ele amou. Amou. Mas não pude fazer de novo. Disse que não era requintado.

Ele me chamou para ir ao cinema. Não me lembro o que assistimos. Ali mesmo no cinema, ele me beijou e apertou meu peito por baixo da camisa. Boa garota, ele me beliscou. E eu soube que iríamos ficar juntos para sempre.

Já se apaixonou? Se não tem certeza, é porque ainda não se apaixonou.

Eu saía com ele sempre que me chamava. Ele me comprou um colar, um pingente de relicário, dentro está o nome dele. É esse aqui. Pegue. Vamos, não se faça de rogado. Não? Tudo bem.

Eu aprendi cedo a cuidar de bebês, respeitar as mulheres e temer todo o resto do mundo. Tenho muito medo, muito mesmo. Não dá para perceber, não? Prática. Desde sempre eu pratico, quase não se percebe. É como essas plantas, pinheiros, ou renda-portuguesa, com folhinhas minúsculas, com a estrutura de fractais, você tem de se aproximar muito para ver os detalhes, mas os detalhes, você descobre, são iguais ao todo.

Fiz Matemática. Não cursei o último ano. Ele não quis. Disse que eu não precisava, íamos casar. Não discuti. Assim eu poderia aprender a cozinhar um pouco melhor.

Minha avó me ensinou a fazer outros pratos. Pratos mais refinados pois eu seria uma moça refinada, de classe. Eu aprendi.

Ela dizia que há dois caminhos para se viver nesse mundo de homens. Se pode aprender por amor ou pela dor. De minhas lições, nunca tive dúvidas de qual seria meu caminho.

Mas eu não esperava pela faca. Me pegou de surpresa. É. Foi isso.

Já vai? Não se preocupe comigo. Vou ficar bem. Ah, apagou a luz. Não tem problema. Melhor se eu pudesse deitar em uma cama. Você me arranja uma cama amanhã? Daí me algema nela. Essa cadeira é bem desconfortável. Mas não reclamo.

*

    Cortou meu cabelo à noite?
    Como isso é possível? Eu não acordar, eu digo. Deve ter me drogado. Muito esperto.
    Ele não me deixava cortar o cabelo. Curioso você cortar. Assim como uma das primeiras coisas. Curioso.
    Eu não sou loira. Não. Ele gostava dessa cor. A maioria dos homens gosta de ruivas. Não ele. Prefere loira platinada. Um suplício manter esse cabelo. Preciso ir ao salão a cada quinze dias. Tintura, hidratação. Vocês, homens, nem desconfiam do trabalho. Ah, e do dinheiro. Mas isso nunca foi problema.
    Aliás, querido, se é essa a questão, dinheiro, pode esquecer. Eu tenho muito. Admito. Mas sequestro não vai dar certo. Meu filho me odeia. Ele é meu único parente vivo. Único. Minhas irmãs já se foram. Eu poderia dar algum dinheiro a você. Quanto quer?
    Você é calado, já te disseram isso?
    Tinha quatro irmãs. Eu não era nada especial. Dizem que a primogênita é perfeccionista, a segunda é louca e a mais nova é mimada. O que dizem sobre a terceira? Nada. Era difícil naqueles dias, a infância naquela casa. Minha mãe teve filhas uma atrás da outra. Mal nascíamos e tínhamos que deixar o berço para a próxima. Dormíamos em duas camas, as quatro. Minha irmã caçula dormia com meus pais. Ela tinha a saúde frágil.
    Falando em cama, você não pensa mesmo em deixar uma cama aqui? Não quero me intrometer, nem nada, mas minhas costas, sabe? Essa cadeira é muito ruim mesmo.

Percebi que você é artista. De relance, vi umas telas atrás de mim. Não consigo identificar bem. Pelo menos poderia ter me algemado em uma cadeira de rodinhas.

Sem senso de humor.

Você fica zanzando, de um lado para o outro. Mal olha para mim. Esse cubículo não é tão grande assim. Também não é pequeno. Eu ouço seus passos. Dez e você andou de parede a parede. Você é alto. Um e oitenta, mais?

Ele era alto. Quando casamos, ele me pegou no colo, cena de filme. Depois disso, nunca mais. Sinto falta de ele me pegar no colo. Casamos durante o dia, no campo. Meu vestido era bem acinturado e curto, acima do joelho. O padre não reclamou, mas ficou de boca aberta. Falam daquela Diniz, mas, meu bem, eu também fui uma mulher muito bonita e progressista. Ainda sou. Bonita. Me cuido.

O que vai fazer com meus cabelos? Uma trança. Isso é curioso. Você coloca essas partes nas telas? Meus cabelos platinados em uma tela.

Em minha época de faculdade conheci um rapaz que pintava cenas grotescas e inseria partes de porco. De verdade. Imagino como deveriam cheirar. É o que você faz, querido? Não se preocupe com originalidade. Difícil pensar em uma coisa original. Eu sei. Mas você, daí, se esforça para fazer algo bem feito. Isso deve contar alguns pontos na arte, acho.

Sabe que eu tentei escrever um romance? Foi depois dele. Meu marido. Depois dele, eu tive muito tempo sobrando. Sei que não deveria, afinal eu também fui mãe, mas eu pagava babá, noite e dia. Para escrever a gente tem que viver antes. Pelo visto, acho que para pintar também. Então, daí eu viajei pelo mundo. Passava seis meses fora de casa e depois voltava por um mês.

Fale um lugar, qualquer lugar. Fui para o Caribe, para Honduras, para Serra Leoa, não apenas os pontos turísticos, não, eu queria ir para todos os lugares. Em cada um deles eu fiquei com um homem diferente. Não na França. Na França, eu conheci Amélie, como a do filme Amélie Poulain. Foi antes do filme, lógico, você deve saber, eu não sou tão nova assim. Mas ela era. Eu paguei um café e conversamos, nem notei e já estava em meu apartamento com a garota.

Sei que você pode ficar em dúvida, mas eu não troquei a cor dos cabelos nem cortei. Bobagem, eu sei. Mas sou uma romântica. Mantive meus cabelos como ele gostava. Afinal, ele me carregou no colo naquele dia. Se eu fechar meus olhos, posso sentir a pressão dos dedos dele em minhas coxas, o roçar de meu rosto em seu rosto, seu cheiro almiscarado, o sol do fim de tarde em minha pele, meus braços em seu pescoço.

Eu amei aquele filho duma puta. Ninguém pode dizer o contrário.

Faça isso com sua arte. As suas pinturas. O amor não é original, como você, mas o amor deixa sua marca. Faça isso com suas telas.

Você tem fome? Vai me trazer alguma coisa? Cairia bem um espumante. Ou água. Ou uma merda de janela.

*

A cama.
Finalmente.
Eu já me sinto outra mulher aqui deitada. Não vi quando me colocou aqui. E uma cama alta, inclinada. Posso ver seu ateliê perfeitamente. Pude espiar as telas. Estão boas. Mas o cheiro é lamentável.

Não sei se peço desculpas mas eu não me contive. Você não me dá opção. Fiz xixi e acho que algo além. O bom de não comer é não ter de ir tantas vezes no banheiro. Ir ao banheiro é um eufemismo, você entende.

Não posso fazer nada. Se você não me dá opção, a opção está dada. Eu não sou do tipo apegado. Não se pode ser nessa vida. Deixar ir, é meu lema. Deixe ir. Deixe ir. Deixe ir. Por Deus, deixe ir.

Você deve estar nessa há algum tempo. Funciona? Consegue expor suas telas? Eu imagino que tenha mercado para isso. É incrível como há mercado para o bizarro. Não se pode aplicar partes do corpo humano e não chamar de bizarro, desculpe, querido, não há como. Essa tela que está fazendo aí, com minha trança, não se vê muito aonde você quer chegar. Se é abstrato, conceitual... não sei.

Você tem que viajar, sair desse cubículo, aproveitar a vida. Como vai juntar experiência para sua arte? A arte tem que ser uma trajetória, um caminho com encruzilhadas, pontes. A sua está mais para pântanos, estagnado, entende?

Eu consegui escrever um pouco, de meu romance, também eu vivi tanto, acumulei tantas histórias, tantos cenários. Mas me faltava um personagem forte. Até poderia ser você, mas acho que eu não volto a escrever. Perdia muito tempo. Viajar me deu é mais vontade ainda de viajar.

Tem a questão do dinheiro. Se não tiver muito, não terá o conforto, e não há outra forma de viajar para mim. Você conseguiria, acho, viajar sem comodidade. Parece que precisa bem de pouco para viver. E se você abrisse uma janela aqui? Eu sei que não tem janela. Mas uma reforma não seria ruim. Abrir um vão nessa parede. Esse ar abafado, esses cheiros, não deve fazer bem, não deve.

Não estou reclamando. Estou bem melhor aqui na cama.

Não precisava me imobilizar os pés e as mãos. Eu disse que entendo, que não vou fugir. Eu sei o que é isso. Eu sei.

Isso é o que meu filho disse que eu teria.

*

Não faça barulho, por favor. Minha cabeça está doendo. É dia, ou noite? Perdi completamente a noção. Eu apago e volto, apago e volto, pareço um pisca-pisca de natal.

Você é religioso? Depois de ler Nietzsche, ninguém é o mesmo. Eu li na faculdade. Não abandonei completamente Jesus, Maria, Deus, Anjo da Guarda, Espírito Santo. Não. Eu sempre rezava pelos meus filhos, mesmo longe. Deve saber como é uma mãe. Se bem que pelo seu perfil, você deve ter um passado bem fodido. Perdão a palavra, é que não encontrei outra. A cabeça dói. Dói muito.

Estou vendo um filete de sangue em meu ombro. Menino, o que fez? Eu inclino a cabeça assim, assim, e parece que tem uma coisa solta por dentro. Uma noz? Olha o barulho, tec, tec, mexo a cabeça pra cá, tec, pra lá, tec. Cadê meus lóbulos? Das orelhas. Não sinto quando inclino a cabeça no ombro.

Ah.

Sua tela ganhou orelhas.

Onde estão meus brincos? Poderia colocar na tela. Não grudados nas orelhas, aí seria muito trivial. Vê? Consegui pensar em trivial mesmo com essa dor de cabeça.

Não precisa me explicar o que está fazendo. É que eu acho que poderia falar alguma coisa. Em respeito a essas minhas partes, pelo menos.

Sua arte escuta? Ouve o mundo? Eu costumava ser uma boa ouvinte. Você me obriga a falar aqui, entende? Se você decidisse se abrir, conversar, veria que eu sou uma ótima ouvinte. Minhas amigas escolhiam a mim para contar seus segredos. Cada um daqueles monstruosos segredos.

    Karen deixou seu bebê se enforcar no berço. Ela viu. Poderia ter desenroscado o cordão da chupeta. Nunca se deve julgar, ah, isso não. Se você escolhe escutar, é apenas isso que faz. Eu escutei a Karen. Nenhuma lágrima, nenhuma. Eu a abracei e ela suspirou, aliviada. Eu achei que era por poder contar a alguém, mas não, ela queria voltar a sair à noite com o marido. Olhe, eu não disse nada, mas ficou aqui, na ponta da língua, por que não pediu uma babá, sua sonsa?

    Terrível. A pessoa não pensa.

    Já sei onde isso vai dar. Eu começo a falar do filho dos outros e chego nos meus. Eu sei. Eu me conheço bem.

    Antes, o que veio antes. Meu marido. Depois do Bastide, meu marido, eu fiz terapia. Graças à terapia é que não enlouqueci. Imagine contar tudo sobre mim, meus segredos, isso não. Mas eu podia ir até lá, falar com o Jorge, chorar um pouco, dizer o quanto eu era frágil apenas para escutar ele me dizendo que eu era forte. Eu sei que sou forte. Eu vivi a minha vida, ninguém estava lá comigo; cada vez mais, ninguém estava comigo.

    Você é diferente, querido. Você é outro assunto. Eu tenho que contar para você. Você é o guardião, entende? Eu não sou assim tão religiosa mas já rezei meus terços, já pedi muito favor a santo, já roguei pela proteção dos anjos. Eu sei o que eu fiz e como se paga por isso, e eu quero pagar, querido, eu quero. Eu pago até sentir arrebentar aqui dentro esse barulho pra lá e pra cá, até saldar minha dívida. Eu não quero ir para o inferno. Não de novo.

Quero encontrar meu amor.

*

Estou de saco cheio disso. Merda. Como estou de saco cheio disso.

O tédio, estar aqui presa. Presa. Você, rapaz, não conseguiria entender. Sei que você deve ser bem fodido, mas mesmo assim não conseguiria entender.

Ser mulher. É, vou falar disso. Sei que você vai torcer o nariz e girar os olhos dentro desse seu crânio de macho.

Ser mulher é uma merda. A primeira vez que escutei isso eu tinha 5 anos. Minha avó estava sentada na cozinha, as pernas inchadas, olhando para o forno como que admirando um milagre de Deus. Ela suspirou alto e disse para o forno, Ser mulher é uma merda. Ela me viu parada na porta, o silêncio por um segundo e ela voltou a encarar o forno.

Todo homem pensa que é fácil. Que nós temos algum privilégio. Que a vida é mais fácil desse lado de cá do gênero.

Sabe aquela sensação de liberdade? Nem consigo desconfiar como seja. Eu não sei e nunca vou saber. Nunca me senti livre. Nunca. Sempre alguma tarefa imbecil a buzinar na cabeça, cuidar de crianças, alimentar bebês, levar para escola, varrer o chão, pôr a roupa no varal, recolher a roupa do varal, passar a maldita roupa, e por aí vai. Fiz muito disso quando era nova. Antes de casar e ter uma vida de mulher troféu, como dizem por aí. Liberdade? Como se ter liberdade quando há medo?

Mas você não viajou? Não fugiu? É isso que você pensa enquanto admira meu pé decepado, não? Não pense que eu não notei. Eu perdi um pé em algum momento. Perder é eufemismo, como o banheiro, e como essa faca em sua mão. Facão, querido, um baita de um facão. Não importa. É, sim, eu viajei. Eu viajei sim. Depois que ele se foi, eu viajei e deixei as crianças. Deixei, sim.

E se eu fosse o pai? Você daria aí de ombros. Entenderia. Machos se entendem. Vocês têm um pacto secreto, não têm? Pode me contar. Daqui não saio. Vocês são obrigados a nunca se criticarem, aposto.

Você me julga mal. E nem me escuta direito. Quer que eu me foda. Nem reparou que eu disse crianças, no plural.

Sim, eu tive gêmeos. Eram idênticos. Lindos. Lindos. Companheiros em tudo. Menos no dia em que um deles decidiu pegar um caiaque na praia, e o outro foi tomar um sorvete.

Eu estava lá naquele dia. Eu estava. E, mesmo assim, mesmo lá, da areia, não pude fazer absolutamente nada. Nada.

Ser mulher é desprezível, é estar sempre presa, atada, incapaz, impotente. Todos aí nos apontando que falhamos espetacular e miseravelmente. Não apenas os homens, ah, não. As mulheres amam sussurrar entre amigas o quanto aquela engordou, ou como o cabelo da outra é ridículo, ou que o marido daquela está traindo, mesmo ela grávida, traída, trocada por outra.

Naquela manhã, naquele dia de praia, eu odiei estar viva. Odiei. Eu daria minha vida a qualquer momento para ter a dele de volta.

Você me julga uma filha da puta insensível. Posso até ser. Eu daria minha vida para ter meu filho vivo e bem e correndo aí atrás de algum rabo de saia e me odiando, como me odeia seu irmão. Adoraria dar minha vida por ele. Daria agora.

Você pode fazer isso? Você aí. Você poderia fazer essa troca?

Converse com o macho alfa e peça para ele.

Odeio lembrar de meu marido. Não sei por que faço isso. Ele me carregar no colo no dia de nosso casamento. Sim. Seu perfume. E o roçar de sua barba por fazer.

Acabo de me lembrar de outra. A mão dele em minha nuca ao me inclinar. Dançamos. Eu suspirei. Apenas um suspiro. Nunca comentei com ele. E daí no jantar, no jantar em que ele recebeu a promoção para diretor regional, a música começou e ele me olhou firme. Eu tremi.

Sim.

Mais do que agora há pouco. Muito mais.

Eu tremi. Ele me guiou até o centro do salão e dançamos. A mão dele em minha nuca. Ele me inclinou apenas me amparando com uma mão.

Eu deveria sentir dor. Alguma que fosse. Mas não sinto. Digo, não senti.

Desculpe, querido. Foi um lapso. Não sei se isso é uma coisa que homens gostam de escutar, mas eu não estou sentindo nada.

Estou preocupada.

Estou preocupada, querido. Mas eu estou sempre preocupada. Não há como ser diferente.

Ele também me disse isso, Não há como ser diferente, querida.

Não lembrava disso. Lembrei agora. Não há como ser diferente, querida. Sim, ele disse.

Você não entende nada, ele continuou, um sorriso torto. A faca. A faca escorregou da mão dele. Escutei o barulho do cabo no piso da cozinha. Até o barulho era em câmera lenta. Como se fosse uma vida inteira, uma vida inteira para a faca escorregar de sua mão e quicar no chão.

Uma vida inteira.

Lembro do ódio contraindo as pupilas, dilatando o verde da íris. Ficavam lindas. Com pequenos pontos amarelos. Não lembro se cheguei a pegar a faca. Não lembro se coloquei o pudim na geladeira. Espremo a memória, querendo um fio de lembrança a mais, não. Não vem. Sei que abracei meu ventre inchado de gravidez. Sei que devo ter estendido o braço. Os bebês, pense nos bebês.

E meu filho está na praia. O sol brilha nos olhos dele. Eu estava lá. Eu disse Cuidado, cuidado. Mas queria ter dito Eu te amo. Meu filho sorriu. Eu estava lá. Eu fiquei lá por tanto tempo esperando o mar devolver para mim, devolver meu filho, e não apenas o caiaque.

O mar lava as culpas, dizem. O mar traz sorte, pule sete ondas, dizem. Eu me lavei no mar, pulei sete ondas. Onde você estava, onde você estava, onde você estava.

Aqui, aqui perdi tanto sangue. Tanto. Você mesmo ficou coberto de meu sangue ao serrar meu braço. Não acha estranho?

Eu deveria sentir dor. Alguma coisa.

Não sinto nada.

Nada mesmo.

O NOME

— Quer o quê? – ele pergunta de novo.
Nem sei. Nem sei que coisa é que eu quero. A vontade é grande, sempre grande.
— Tô com fome – eu digo.
— Tá com fome.
Ele ri, dente sim, dente não, mas ainda bonito. É um homem bonito demais. Muito bonito demais pra mim. Não sou eu quem diz isso. É a Dita. Ela estica os olhos pra ele e diz que o cabelo dele reflete o sol. Agora mesmo, o sol entra pela janela e é apenas ele que brilha.
— Demora ainda pra almoço.
Ele diz e olha pra longe. Um olhar pra muito longe. Passa das camas, de nós todas, bem longe das paredes cinza do abrigo para grávidas.
— Vontade de melancia, acho.
Eu digo mais pra ele voltar a prestar atenção em mim. Pra cortar a linha que os olhos dele traçam pra aquela porta. A porta da saída.
— Você já engoliu uma. – Ele passa a mão pela minha barriga. – Vai ser centroavante.
Gosta por demais de futebol. Tenho vontade de perguntar se teve jogo ontem. Onde é que ele foi pra assistir?

Suas mãos grandes aquecem minha barriga, me esquenta toda.

— Bom dia, mãezinha, como está hoje?

A moça bonita chega na minha cama e pergunta. Ela passa por todas as camas, todas as mulheres grávidas e deixa a minha cama por último. A Dita fala que é porque eu sou a única que ainda tem homem. Dita é muito faladeira. Tenho que aguentar o falatório a noite inteira.

— Ela tá com fome.

Ele diz pra moça e pisca pra mim. Pisca pra mim. Meu coração pula e o neném também. Ele sente, a mão dele ainda na minha barriga.

— O bebê também tá com fome. Num para de me chutar – ele diz.

— Normal, paizinho. Sinal de que o bebê é forte e saudável.

— Deixa ele passar a noite aqui – eu digo pra moça. Nenhum homem pode ficar lá, eu sei. Só nós, as mulheres que não têm pra onde ir.

— Não é lugar de homem – a moça responde, fazendo um gesto circular com a mão, como um tornado preso entre essas paredes cinza.

Dita ri alto, deitada na cama ao lado. Ela deu a debochar de mim.

— Tem problema, não – ele diz pra mim e tira sua mão da barriga.

Eu sinto fome e uma dor fina que me estrangula a garganta.

— E o nome? Já escolheram? – a moça bonita pergunta.

Os olhos dele voltam a rumar pra porta. Passa longe, longe de todas as camas e mulheres e das paredes. Sinto frio mas num tem corrente nenhuma de ar.

A moça esquece da própria pergunta, me examina e anota, fala que já volta e vai pra uma sala lateral.

— Quer o quê? – ele pergunta de novo.

Eu num falo nada. Ele num fala nada. Também não me segura mais pela barriga. As mãos dele são grandes. Hoje tão assim meio acabrunhadas, guardadas pra ele. É mão de gente que trabalha, grossa e inchada pelo cimento.

Hoje as unhas estão bem cortadas. Cortadas e limpas. Tavam assim ontem? Tavam?

Ele passa as mãos pelos cabelos dele. Os cabelos estão aparados também. Num tinha reparado. Cabelos curtos e lustrosos. Um homem danado de bonito.

— Certeza – Dita sussurra da cama ao lado. Me provoca. Ela me disse ontem que ele tava já com outra. Eu disse que nunca.

— E tu, quer o quê? – ele diz, levantando. Não me olha nada. Olhos pra baixo, pro chão.

— Tô com fome – eu repito. Ele não escuta.

— Eu vou. – Ele me encara sem firmar o olhar. – Tá com fome... – ele diz e ri, um riso pequeno, cortado por uma tosse seca.

Antes de ele se virar e sair, eu pego na mão dele. É quente, e grande, e parece que vai ficar pra sempre, pra sempre, na minha.

O ar do abrigo cheira fechado, sem ter como sair dali, sem saída. O vão na janela não é que nem uma porta aberta. Qualquer um vê que é um espaço pequeno por demais pra se passar. O ar tem que se espremer, se estirar, se arrebentar todo pra passar, e pra quê? Só pra cair em uma prisão. Ele gira, gira, mas não tem saída. O ar rareia, é pouco, e aqui, pra nós, mulheres, é tudo pouco demais.

O falatório das mulheres some. Eu escuto até elas respirando. Escuto a Dita esticando o ouvido pra minha conversa com meu homem.

E eu segurando a mão dele. A mão dele quente, grande. Com unhas cortadas e limpas. Eu sinto alguma coisa mexendo por dentro, num é o bebê, é outra coisa, alguma outra coisa.

— Quero sim – eu digo.

— Já vou.

Ele aperta minha mão, um aperto rápido, me solta. Seus dedos escorregam, um por um, um por um até a mão dele largar a minha. Eu num queria que ele me largasse, num queria.

Ele sai, suas pernas vão pra frente, levando ele por entre as camas e as mulheres, desviando das grávidas amontoadas. Ele lá longe, daí, então, se vira, segurando a porta, segurando a maçaneta, sem abrir, ele se vira e pisca, pisca pra mim. Pra mim.

Alguma coisa se quebra na linha que une o olhar da gente. E ele abre a porta.

O ar da rua entra e o barulho de fora entra, ele se vai e a porta fecha. E o barulho acaba de todo, e no ar a brisa morre antes de chegar até minha cama.

Eu quero, quero alguma coisa. Ele vai trazer pra mim? Num sei. Não sei o que tem lá fora, onde ele anda, não sei. Num sei o que quero, mas ele sabe.

A Dita ri. Riso qual trovejada de fim de verão. Ri alto. Alto pra eu escutar. E eu escuto.

Ele foi buscar pra mim. Foi buscar. Eu nem disse o que era e ele foi buscar. Ele sabe. Eu sei. Vi as unhas dele cortadas e limpas, os cabelos arrumados. Um homem bonito.

A Dita ri de novo. As prenhas todas riem com ela.

Meu neném mexe.

E o nome, eu não sei. Não sei.

Não sei o nome que está dentro de mim, nem o nome do que eu quero. Mas ele sabe. Eu não sei o que eu quero, como ia saber se num sei nem o nome.

Eu quero. Quero aquilo de ter as unhas limpas e os cabelos arrumados. Quero ter aquilo de o sol brilhar em mim. Eu quero aquilo de as portas fechadas se abrirem pra mim. Quero aquilo de respirar o ar que corre solto e livre. Quero aquilo de andar pra onde tem muito espaço, pra onde tem barulho e vida. Quero.

Não sei o nome.

E eu quero aquilo que não sei o nome e ele sabe.

REFÉM

O carro desliza na avenida.
Seria clichê dizer que é noite e que chove, mas realmente é noite e chove. Saímos para um bar.
Marco quer rodar pela cidade, então rodamos. Quer beber, então bebemos. Passamos um pouco da conta, mas Marco quer dirigir.
O carro desliza na avenida. Noite. Garoa, ainda não chove. Não, ainda não.
Eu entro no carro. Calo. A lua não aparece no céu enevoado. Mesmo assim eu a procuro. Queimo os olhos e me lembro de piscar. Não se pode esquecer de uma função fisiológica. Meus intestinos não se esquecem dos movimentos peristálticos, meu baço não se esquece de fazer o que seja que baços façam. É importante não se esquecer. Começo me esquecendo de piscar, e depois, do que mais?
Marco avança o sinal e derrapa. O pneu canta, um carro emparelha ao nosso, e Marco se irrita. Não vai me deixar dobrar à esquerda, é isso mesmo? Ele reclama, e corta os carros e dobra à esquerda. A rua é estreita e o pneu a meu lado resvala na calçada alta. O barulho que o sobrepõe é o de uma sirene. Vai, seu puto, Marco abaixa o vidro fumê e faz sinal para que o veículo o ultrapasse. Não nota que é uma viatura da polícia.

Meu coração dispara. Polícia.

Não sei por que fiquei nervosa.

As luzes azul e vermelha giram em um estroboscópico alucinante. O barulho da sirene nos persegue e Marco aperta as mãos no volante até estalarem. Ele morde a boca por dentro, travando o maxilar.

Vira-se para mim, noto um esgar de sarcasmo. Joga a arma no chão e percebo que a chuta para baixo de seu banco, com o calcanhar.

Não, não falei da arma antes. Marco carrega a arma na cintura. Velho hábito do tempo em que trabalhava na empreiteira. Ele nunca foi policial, não, nunca. Porte de arma? Todo mundo tem problemas. Ele nunca me fez nada.

Marco encosta o carro na primeira vaga que encontra e a polícia para logo atrás. A sirene se cala e a rua se tinge de luzes giratórias. Viro o rosto. As pessoas na calçada não se abalam. Continuam sua passeata frenética em busca do que não têm.

Marco sussurra entre dentes, Fica na sua, você tá comigo, entendeu? tá comigo nessa.

Mordo a boca e sinto meus olhos voltarem a queimar. Desvio meu rosto para baixo. Está escuro e não se vê nada ali. Mas e se achassem a arma? Meu estômago se torce.

O barulho de punho no vidro do carro me sobressalta. Olho para o meu lado. Ali também tem um policial. Marco abaixa o vidro.

— Documento, senhor. Seus documentos e o de sua acompanhante.

— Tenho que abrir o porta-luvas. O documento do carro tá ali.

— A sua acompanhante pode pegar, senhor. As duas mãos onde eu possa ver.

Abro o porta-luvas devagar.

A voz do policial é monótona, exausta de levar ordem e justiça. Seus olhos, porém, implacáveis, cravados em mim. Marco sorrindo, mãos no volante, obediente e calmo.

— Saiam os dois.

— Policial, está chovendo. A patroa, aqui, se gripa com facilidade. O erro foi meu, lógico. Não posso correr assim no trânsito. Mas você me entende, não? A patroa tá com pressa. O senhor sabe como é mulher, não?

— Saia, senhor, por favor.

— Sabe, a patroa quer ir ao shopping. Daqui a pouco a loja fecha, ela me disse. Estou com fome, ela reclamou. Me deixa louco.

— O senhor bebeu, senhor Marco Demitrio?

— Remédio de homeopatia. Tem álcool. Tomo cinco gotas a cada hora. A cada hora. Homeopatia é coisa de viado, mas ela aí insiste.

— Senhora, seus documentos estão aqui. Para onde vão?

— Shopping.

— Poderiam ter atropelado alguém.

— Terrível. Terrível. Não, nunca mais me altero por causa da patroa. É uma promessa, policial.

De onde estou, lanço um olhar para o policial a meu lado. Ele não sorri. Eu sustento o olhar. Não abro a boca. Não sei o que fazer. Seria mais fácil se ele decidisse o que fazer por mim. Se ele ordenasse que fôssemos para a delegacia... e o Marco estaria... Um minuto, por favor. O que aconteceu depois?

Depois, escuto a voz metálica vinda da viatura. Vários bipes tinem do aparelho e chamam a atenção dos policiais. O que estava a meu lado faz sinal para o outro e vai para o carro. Escuta o que a central por trás da máquina ordena e chama seu parceiro.

— Volte para casa, senhor Marco Demitrio. E a senhora, por favor, mantenha-o longe de confusão.

Os policiais entram na viatura com pressa e partem. Sinto o contentamento de Marco como ondas térmicas que se desprendem de sua pele. Ele sorri para mim e entra no carro.

Eu não me movo. Sinto a garoa fina. Poderia dar uma desculpa e ir embora, sumir da vista dele. Mas ele me acha. Sempre me acha. Ele nunca me fez nada, apesar de tudo.

Eu olho em volta procurando não sei o quê.

Não, não sou casada com ele. Saímos, às vezes. Não, não sou puta. Sou psicóloga. É, não dá para ver isso na minha cara.

— Entra no carro – escuto Marco. Sinto meu rosto queimando sem lágrimas e os cabelos ensopados pela garoa.

Seguimos. Ele acelera. Corre mais do que devia.

O carro desliza na avenida.

Não, não vi mais nada. Batemos, eu sei, mas não lembro, não vi. Ele tinha, sim, bebido um pouco. Porta-malas? Não, não notei... o quê? Vão escavar o quintal da casa dele? Se eu sei de outras...? Me digam. Marco tinha o que no porta-malas?

Gênesis

É tarde. Levanto e desço da cama. O quarto infestado daquele cheiro morno e doce. Sinto a brisa suave do fim do dia ao escancarar as portas da varanda.

Lavo-me com água fria. O choque de temperatura faz a pele se eriçar e o coração bater mais forte. Só água, sem sabão nem outros cheiros. Não quero, só água fria. A toalha me espera no chão. Talvez desde quinta-feira. Não achei que iria ficar assim a essa hora da tarde. Não achei que iria tomar banho. Tanta coisa sem sentido fazemos. Tantas. Passo os pés de leve sobre a toalha. Não pretendo me secar nela. Com movimentos vigorosos, percorro meu corpo para atirar longe a água.

Ao passar as mãos em mim, sinto ele, penso nele.

Penteio os cabelos. Escorre água. Mais morna, já aquecida pelo calor de meu corpo e o do quarto, que ainda não se livrou de todo o mau cheiro. Meus cabelos são cheios, ondulados e jovens. Nem um branco em toda a extensão. Talvez mais opacos. Faço um rabo de cavalo e depois tranço o cabelo em volta do elástico, em um coque. Não há penteado mais apropriado.

A umidade do rosto me faz parecer uma garotinha que sai do mar correndo, garotinha que eu não sou. Massageio as têmporas e acima dos olhos, como se estivesse aplicando creme. Meus olhos castanhos e inquietos, como uma vez ele os descreveu. É tarde, sim. Mas eu tenho que me maquiar, como tanto sonhei.

Na gaveta me restam poucas coisas. Minha irmã deve ter assumido que eu não ia mais precisar. Não posso culpá-la. Ela vem toda segunda e sexta. Não vem mais por causa das crianças e do marido. Ela tem uma vida para cuidar. Sempre reclama de tudo. Começava pelo quarto, abafado. Não abre as portas nem arruma nada quando não venho? Não. Não me levanto, não cozinho, não como, não abro as portas do balcão, não me lavo. E menos ainda me maquio. Por isso a falta agora. Ela deve ter levado quase tudo embora. Não importa. Um batom rosa e a sombra pérola estavam lá. Muito gastas para serem reaproveitadas. Suficientes. Passo o batom nos lábios com a ponta do dedo até que fiquem recobertos de rosa. E a sombra nos olhos. Resignados. Uma vez, minha mãe me pediu isso, seja mais resignado. As pessoas não deveriam usar palavras que não conhecem. Mas eu entendo. Basta aparecer na boca de personagem de novela que rodopia pelas ruas. Mas não sabem esses que as usam assim à revelia. Não sabem. Cada palavra é única. Única e sem sinônimo.

Eu entendo. Eu entendi sempre. Ele me pediu para entender, não precisava pedir, eu sempre entendi. Eu lhe obedeci, com resignação, como disse a novela de minha mãe. E me tranquei em meu quarto e em mim. Mas minha pele, minha pele ainda é a mesma, e meus lábios e meus cabelos, fio a fio, ainda são os mesmos.

Meu vestido. Ainda está aqui. Coragem deve ter faltado à minha irmã para levá-lo dali. Movê-lo sequer. Ela deve ter pensado que ele estava amaldiçoado. Todos deveriam. A cidade não é tão grande assim. O assunto ainda deve ser o mesmo. Desde sempre. Aqui está ele. Não tão branco. Mas é ele. Em meu corpo, sobra folgado em alguns pontos. Visto os sapatos. Saltos altos. Equilibro-me nos primeiros passos para fora do quarto, falta-me a prática. Desço as escadas até a sala. Abro todas as janelas, depois as portas, e saio pela sala. A casa me observa atônita, aberta e vazia.

Eu e o vestido que escolhi desfilamos enfim. O que uma vez eu escolhi, escolho de novo, dessa vez sem resignação, tampouco fúria, mas em plenitude da serena verdade de ser ele meu único destino.

O caminho é o mesmo, feito de pedra. Um passo de cada vez nas pedras irregulares. Passo ao lado da casa de dona Beibe. As melhores rosas. O jardim mais bonito. Quem adivinharia que ela duraria tanto. Abandonada por todos, largada para morrer de fome. Aprendeu a fazer doces. Vinha muita gente procurando pelo bolo de fios de ovos, pela bala puxa-puxa. Minha mãe morria de inveja dos dotes dela. Minha irmã fala da dona Beibe com gula. Se pudesse, ela a teria levado para casa só para ter aquelas delícias todos os dias. Lambia os beiços. Nada como se viver em comunidade e pensar no bem maior. Bem maior. Deve haver um bem maior. Não posso pensar que não exista. Nos trincos do muro, avencas. Inclino e arranco um maço delas. Essas não são de ninguém então podem ser minhas, perfeitas para meu buquê. Não vou roubar as rosas de dona Beibe.

Dali já se pode vê-la. A igreja matriz. A única. No centro da cidade de tamanho de ovo. Caminho pela via de pedras. A praça ainda está igual, com seus arbustos raquíticos e coqueiros. Os bancos de madeira estão como novos. Deveria ser obra do Chico, o marceneiro que os havia reformado em pagamento de sua promessa, largar o vício. Ninguém se lembra do Chico dirigindo embriagado, nem criando brigas pelos bares. Largou o vício. Está perdoado. A cidade se orgulha. Disso a cidade se orgulha. Eu que me escondesse em meu quarto e nunca mais exigisse nada daquela gente, os poupasse de olhar para mim.

Paro logo em frente aos degraus. Aliso o vestido. A porta fechada me encara. Desafio, subo os degraus, segurando as avencas com ambas as mãos. Treze degraus. Eu já os havia contado antes, antes, antes de me aprontar para ele. Tantas vezes. Tentação. Ele disse, tentação, eu lembro, eu lembro, então era apenas questão de tempo.

Eu escolhi. Escolhi ele.

Cada passo, um degrau. Minhas pernas doem pelo exercício. Sinto o calor nas maçãs do rosto, elas ficarão mais coradas, sorrio, como se tivesse passeado ao sol ou ido ao lago com as meninas. Tudo tão inocente e primaveril, como eu sonhava ser.

A porta está maior, ou eu encolhi. O ramo de avencas firme em uma das mãos, giro o trinco da porta da igreja. Destrancada, como deveria ser. Deve estar aberta a todos os necessitados, a todas as almas. Sorrio ao afastar a porta. Uma noiva, mesmo nervosa, deve sorrir. O primeiro passo ressoa por toda a construção. Os santos em barro e gesso me encaram junto com toda a cidade. Olho de volta e agradeço, com um meneio leve de cabeça. As noivas devem fazer isso. Lá estão eles. Nossa Senhora com o menino Jesus no colo, José do outro lado, Jesus crucificado no alto, e ao centro ele segurando a Bíblia com uma das mãos, e a outra suspensa no ar, esquecida ante minha presença assim tão explícita.

Não sabia que ainda se era capaz de silêncio tão grande.

A igreja repleta. Fiéis na missa rezada por ele. Meu amor. Meu amor, eu cheguei. Penso, mas não digo nada.

Ele, estático. Uma só palavra e seremos salvos, meu amor. Eu não disse, não disse nada.

As filhas da dona Mércia cochicham e soltam risinhos. Meninas, meninas. Ainda irão amar. Eu não disse nada.

No centro do corredor, seguro com mais força minhas avencas e sigo até ele. Silêncio. Meus sapatos retumbam no piso sagrado.

Ele, enfim, abaixa a bíblia e a pousa sobre o altar, vem a meu encontro, me pega pelas mãos e me conduz até a sacristia. Antes mesmo de a porta se fechar atrás de nós, escuto o burburinho dos fiéis. Estão sem ele, ele está comigo, eu sorrio em vitória.

Não pode mais vir aqui, ele me diz. Seus olhos verdes, lindos, cristalinos. A barba por fazer emoldura lábios grossos.

Tento beijá-lo, ele me afasta com delicada firmeza.

Onde está sua irmã? Te deixou sozinho de novo?, ele se preocupa comigo. Ele ainda se preocupa comigo. Ele quer ligar para ela, eu não o deixo, o abraço, e o obrigo a sentir meu corpo esguio pela fome de estar assim tão junto dele.

Não pode mais vir aqui, ele repete, sussurra, e dessa vez não foge a meu beijo.

Não entende, amor, agora podemos, agora podemos. Eu falo, ele treme, sua mão firme em meu pulso, afastando-me novamente.

Não diga bobagens. O que você fez, Ernesto? O que você fez, por Deus?

Ester, meu nome é Ester. É meu inteiro, eu o escolhi, agora eu posso, amor, eu posso ser sua. Ester. Como a rainha de sua bíblia. Ester. Como uma estrela. Sou sua estrela, lembra? Você me disse, antes da batina. Você me disse e eu nunca esqueci. Como poderia? Você conseguiu me esquecer?

Deus tenha piedade.

Não fale Dele nunca nunca mais. Me beija, amor, me beija.

E ele me abraça e sinto seus braços tremerem enquanto ele soluça e chora.

Da claraboia da sacristia, um raio de sol se projeta e nos banha em sua etérea luz.

Caixa de facas

Pintei eu mesma. Rosa, não. Um tom meio nude. Minha princesinha vai ter tudo do bom e do melhor. As roupas estão todas passadas e nas gavetas do criado-mudo branco.

Vai ser uma menina grande. Já está com quase três quilos. Vi no último ultrassom. Gorda? Por favor. É um bebê. Um bebê é sempre fofinho. Depois com o balé, natação e equitação, ela fica em forma. Se não ficar, tem a lipo, né Amanda?

Essa lipo vai te deixar linda de maiô. Biquíni? Corajosa. Você vai para onde mesmo, Amanda? Caribe? Amanhã? Menina, isso é muito chique. Sabe que o Diogo foi pra lá pra um congresso. É, ele está lá ainda. Fica até semana que vem.

Carla, que maldade é essa? É um congresso. Ele agora é CEO. Não, Carla, CEO. E adianta eu explicar de novo? Meu amor, você sempre esquece o que eu te digo. Cabecinha oca.

Eu preparei a mais linda mesa para nosso chá. Venham. Viram? Esses macarons são com pétalas de rosa. Eu fiz sozinha. Lógico. Só o melhor para minhas amigas do coração.

Quem quer chá de hibisco? Pois, não? Fui eu que fiz sozinha. Tenho hibiscos no quintal, esqueceu? Peraí,

Maria! Ô, Maria! Onde você se enfiou? Não sabe que minhas amigas estão aqui hoje? Não, deixa o creme e vai pro quintal pegar umas flores de hibisco pra colocar aqui na mesa. Carla, é lógico que precisa, e depois a Maria está aqui pra isso mesmo, né, florzinha?

Isso, quintal, Maria!

Carla, não fica defendendo a Maria. Por favor. Sabe como é difícil arranjar alguém pra ajudar na casa hoje em dia? É, exatamente isso, Amanda. Tá vendo, Carla?, a Amanda entende. Empregadas... Por isso é que a situação está como está.

Vocês viram o caso da babá da Jéssica? Terrível, não? Então...

Maria, obrigada, minha linda! Coloque aqui no centro da mesa. Não, no centro. Centro, Maria! No meio, meio. Ótimo. Pode voltar pra cozinha. Mas não esqueça da gente aqui, viu? Estamos quase sem refrescos. Vai, Maria, vai!

Uma graça.

O quê? Sério? Você não come mais carne? Mas por quê? Hormônios?

Desculpe, rir. Desculpe. Deve ter mais hormônio no seu creme facial do que na comida.

Tá, tá, tá. É verdade. A gente tem que se preocupar mesmo. A saúde em primeiro lugar. Falando nisso, quem deu esses protetores de quina de móvel? Ah, só podia ser a Beatriz! Obrigada, minha linda!

Sabe que eu coloquei protetores em todos os cantos da casa? Não, Beatriz, que é isso? Os seus vão ser úteis. Tem ainda uns lugarzinhos. A casa é grande. Eu amei, amiga.

Banheiro? Não, não vai no lavabo, Amanda. Vai lá no andar de cima. O lavabo tá com problema. Não, o Diogo ainda não pediu para consertar. É, ele é fogo mesmo.

Beatriz, pega uns copos com a Maria. Por favor, eu esqueci. Ah, e aproveita e traz o refresco de romã que ela está preparando. Pela demora, ela deve estar plantando as romãs ainda... obrigada, Bia, vai, vai.

Carla, Carla, vem aqui. Você viu que a Amanda ficou meio chateada? Vai entender. Acho que é muito estresse. Escutei que o marido dela está saindo com alguém. É? Ela também? Não!

Agora eu fiquei passada. Não, Carla, não é isso. É que eu sempre achei a Amanda tão certinha. É, tá bom, e ela também está um pouco acima do peso ideal, né? Eu? Eu tô grávida! É bem diferente. Daqui a um mês a Clarinha nasce e eu tô pronta pra outra. Não sabe? Já marquei cirurgia e tudo.

Eu cochichando com a Carla? Tá vendo? Entrou atrasada e quer sentar na janelinha. A cirurgia é a cesária. Ce-sá-ri-a!

Beatriz, e a Rebeca? Ela vem? Como assim? Vocês não estão mais juntas? Menina. Eu sei. Todo mundo sabe sobre vocês. Isso não é mais motivo de vergonha. Não. Hoje em dia tá tudo liberado, né? E a Rebeca é uma médica brilhante. Você tem é mais que correr atrás dela mesmo. Não, não fale uma besteira dessas, imagina que tá tudo perdido. Liga pra ela, prepara um jantarzinho romântico, você vai ver.

E a Amanda, hein? Morreu no banheiro? Ah, mas não morre mais! A gente estava falando de você? Como assim, o quê? Nada, sua bobinha. Então, Caribe, né? De onde veio essa viagem?

Você é uma piadista mesmo. Da agência... Velho? Como pode ser coisa de velho falar piadista? Você tem minha idade, Amanda.

Ai, que coisa. E o que são uns anos a mais ou a menos? E isso importa? Deixa eu te falar, o Diogo disse que eu estou perfeita. É, ele sempre me elogia. Meus cabelos estão mais brilhantes, minha pele mais sedosa. É, sim, ele disse. Sabe o que mais? Ele disse que quando a Clarinha nascer, ele vai deixar de viajar. Por um tempo, não; ele vai deixar de viajar para sempre. Isso de Caribe, é passado, querida. Passado. Ele vai ficar cem por cento em casa.

Isso que é marido mesmo, Carla. Eu sei minha querida, você sempre foi minha amiga do coração. Imagina que eu vou pensar mal de vocês? Nunca. A gente, sempre juntas, todas.

Pra vocês, o melhor. Pra mim também, lógico.

Afinal, a gente sabe o que importa.

Sangue

Aumentaram a dose.
Você não pode ter recaída a essa altura, diz Dr. Antonio. Homem paciente, óculos com um grau imenso, quase não se vê seus olhos miúdos. Acho que eram castanhos, mas, às vezes, achava que eram verdes. Suas mãos estavam nas minhas, como conchas. Ele não sorri nunca. Ao menos, nunca o vi sorrir. Esboça um ar de dor e graça, em postura de foto de santo que antevê o milagre. O milagre sou eu. Ele diz que eu sou o milagre. Eu estou curada. A cura é isso, então? A vergonha, o coração que bate atiçado pelo medo? Tenho medo.
Meus pensamentos andam de um lado para o outro, impacientes, procurando uma brecha por onde sair, mas sem sucesso. Andam de um lado para o outro, em uma cela estreita e apertada.
— O que eu fiz?
— Foi a doença – Dr. Antonio me responde, sussurrando, obrigando-me a sentir vergonha em pronunciar a pergunta em voz alta.
— Eu matei alguém?
— Puxe sua mente de volta para seu lugar de controle. Lembre disso. Respire fundo e volte para seu lugar seguro.
— Posso vê-la?

— Como?

— Uma foto. Como era ela?

— Ela será sempre parte de sua história. História passada.

— Mas eu não lembro de nada, doutor.

— Melhor assim. É uma bênção. Siga sua vida.

Seguir com o quê? Não me lembrava de nada. Seguir pressupõe-se a continuação de um ato. Não sigo. Fico. Ou inicio. Mas seguir, não há como.

Dr. Antonio solta minhas mãos, devagar. Eu as mantenho unidas, à frente de meu corpo. Estamos sentados, cada qual em uma cadeira branca e estéril. Ele se levanta e anda até a porta.

— Alguém virá buscá-la.

— Não vou pra prisão?

— Como?

— Eu matei uma pessoa.

— Você ainda está em tratamento. Não pode responder por si mesma.

— Me deixa ficar aqui, doutor. Mais um pouco.

— Faz parte do tratamento você voltar ao convívio social.

— Quem vem?

— Uma tia sua. Adelaide.

— Não conheço.

— Não se preocupe. Ela já está a par de sua medicação e das sessões de psicoterapia. Ela se prontificou a ajudá-la.

— Eu não me lembro de nenhuma Adelaide.

— De quem se lembra?

— Minha mãe, meu pai. Uma irmã... ou irmão. Eles não vêm?

— Você fica com sua tia. Não se preocupe. A sua memória deve voltar. Não se esforce em demasiado.
— Toda ela?
— Nunca se sabe. O cérebro ainda é um mistério.
— E se eu lembrar dela?
— Você se refere à garota?
— Sim.
— Escute bem, você não vai ficar em risco. Você tem seus medicamentos e as sessões semanais com a Dra. Ana.
— Não vou ver o senhor?
— A Dra. Ana vai me enviar relatórios mensais.
— Me deixa ficar aqui.
— A enfermeira a levará até a recepção. Suas malas estão lá. Sua tia não tarda a chegar.
— Doutor? Posso fazer uma última pergunta?
— Sim.
— Vocês sabem por que eu fiz o que fiz?
— Você está medicada e sob nossa observação. Não vai acontecer de novo.

Por dentro, algo queima. Não é uma alma que me habita, mas sim um bicho de rosnado histérico, se debatendo contra minhas carnes, procurando a saída. Calma, digo eu, baixinho para não o provocar mais ainda, fique aí, rosnando, deite sobre meu fígado, banhe-se em minha bexiga. A saída, a saída, o bicho rosna enquanto anda de um lado para o outro. Ele não encontra.

Saio pela porta em direção à recepção certa de que é um erro. É um grande erro.

Quem é tia Adelaide?

Velha, gorda e crente. Eu ainda estou sentada na recepção, ao lado de uma valise bege quando ela chega. De saia e camisa cáqui, ela se parece com uma freira. Seus cabelos são indecifráveis, presos em um coque, não posso adivinhar seu comprimento ou sua cor original, brancos na raiz, preto e castanho em mechas disformes. Em seu pescoço, uma cruz faz com que ela arque suas costas, andando impulsionada pela busca do equilíbrio ameaçado pelo peso.

Tia Adelaide.

— Menina, que Jesus te abençoe.

— Tia...

— Está mais corada. Não, não. Você não me via, menina, mas eu assisti a suas sessões. Gravadas. O senhor me falou ao coração: Salve a menina. E aqui estou.

— Não me lembro de você.

— Isso não é desculpa pra esquecer da boa educação. Não é "você", é "senhora".

— Senhora.

— Venha. Deixe o passado no passado, enterrado. Jesus te ama.

Ela me abraça com força, prensando minha cabeça de encontro a seu corpo farto, engolindo a cruz de seu Jesus e minha orelha esquerda. Não me lembro dela. De Jesus, sim, cenas, vejo cenas. Missa aos domingos de manhã, eu tocava violão no coral. De ouvido. Um dom raro, me disseram uma vez. Não precisa de partitura? Menina prodígio! Alguém me disse uma vez. Missas. Minha canção preferida era a para Maria. Maria de Nazaré, Maria me cativou, fez mais forte a minha fé e por filha me adotou.

Tão difícil se falar em mulheres na igreja. Maria, Maria sempre era lembrada. E eu cantava a Maria, a Maria que educou Jesus, que ensinou Jesus a andar. Maria que teve Jesus crescendo dentro dela, um menino santo, crescendo e se espremendo, girando para um lado e para o outro, procurando pela saída.

— Tia Adelaide.

— Sim, minha menina.
— Quem eu sou?
— Você é obra de Deus.
Você é obra de Deus, eu a escuto dentro de mim. Um eco. Tia Adelaide estava sempre comigo na igreja. Ela me levava na igreja. Onde estavam minha mãe, meu pai, e meu irmão ou minha irmã?
— Jesus operou um milagre em sua vida. Ele te salvou da danação. Deus escreve certo por linhas tortas.
Tia Adelaide me segura pelos ombros, crava seus dedos de unhas curtas em minha pele. Posso sentir a pressão daqueles dedos, a força daquela mão.
Mais um abraço e ela me solta. Pega minha valise bege e eu a sigo.
— Uma manhã gloriosa, gloriosa.
Tia Adelaide repete.
Eu a sigo.
— Minha mãe...
— Queremos o melhor para você, minha menina. Venha.
Gloriosa, ela repete.
A luz é quente e amarela. O ipê defronte à clínica irradia flores rosa, provocando mais cenas que surgem em minha mente. Meu avô triste. Ele queria um ipê branco. Nunca conseguiu que as mudas pegassem. A vida inteira buscando o que nunca teve. Nunca vi homem se importar com isso, mas meu avô queria um ipê branco na calçada de sua casa. Plantou vários. Não cresceram, morreram no primeiro inverno, nunca viram a primavera. Será que ele se lembrou disso quando morria no hospital? O que se deve pensar quando se morre? Quando se está para morrer? No que ela pensou? No que ela pensou?
— O vô gostava de ipê...

— Seja louvado! Vê como já está melhor? Daqui a pouco se lembra de tudo, de tudo o que importa.

Tia Adelaide tem um fusca pardo. Ela abre a porta do passageiro, joga minha valise no banco de trás e me enfia carro adentro, devidamente presa com o cinto de segurança. Ao se sentar no banco do motorista, tia Adelaide suspira e eu fecho os olhos. Prevejo uma oração.

— Senhor Jesus, agradecemos mais essa Sua graça. Nesta manhã gloriosa, gloriosa, minha querida menina Clara recomeça sua vida em Jesus, sua vida banhada pelo Jordão, agraciada com a sabedoria de seu amor, Jesus, limpa pelo seu sangue. Amém.

Sangue. Ao abrir meus olhos, o painel do fusca está banhado de vermelho. Espalhado como creme, uns pontinhos sólidos, uns gominhos vermelhos mais escuros. Imaginava o sangue como água, não aquilo. Não aquele leite viscoso, grosso até. Por todo lado. Por todo lado.

— Clara, menina, vai lembrar, vai lembrar de tudo o que importa.

Fecho meus olhos e quero rezar. Mas as palavras não vêm. Nem a canção de Maria. Nada.

O carro se move.

Respiro fundo. Meu lugar de paz, meu lugar seguro. Respiro fundo.

Abro meus olhos e o painel do carro é bege.

Obrigada, senhor Jesus.

Corpo de Cristo na hóstia. Lembro do sabor. A hóstia grudando no céu da boca, eu de joelhos. Passo a língua até que ela se dissolva. Espero pela sensação, a de ser inteira, repleta, de ser inteira de novo, de estar perto tão perto do amor completo e perfeito. Mesmo que o céu seja longe, a hóstia está em minha boca, eu como, pedaço por pedaço, e então a paixão está dentro de mim, para nunca mais sermos afastadas. Não posso ver, não posso tocar, fica comigo para sempre. Tem que ficar comigo para sempre, aqui, aqui. Isso é certo. Paixão, fica comigo.

— Isso é de Deus.

Tia Adelaide diz e só então eu percebo que faço o sinal da cruz, pai, filho e espírito santo, e minha mão pousa em meu seio esquerdo. Pequeno. Lembro de ser maior, de preencher toda minha mão. Auréolas negras, seios morenos, não dessa cor esmaecida como os meus. Firmes, pele com aroma de canela, sempre gostei muito do aroma, soprando canela a cada dia primeiro do mês, na casa e em mim, para trazer sorte. Canela no ar, naqueles lábios, o aroma e o sabor.

Minha memória é um porão repleto de sombras. Guardo ali cenas esparsas e as empilho como cartas de baralho. Desordenadas.

Não me lembro de quase nada. Ipê branco. Canela. Maria de Nazaré. Nada.

Talvez eu deva sair, sair desse carro, ir embora.

— Amanhã cedinho vamos pra missa.

Tia Adelaide fala com os olhos fixos na avenida brilhante de carros. Eu a escuto. Deito a cabeça no banco.

Fecho os olhos. Cansada. Um quarto. Vejo um quarto que não é meu. No teto, grudados e recém-sobrepostos pela tinta branca, estrelas e planetas. Deviam ser aqueles adesivos que brilham no escuro. Sem aquela camada de tinta, eles brilhariam. A cama macia me abraça e sua cor é negra, ela me envolve e não há outro lugar na Terra em que quero estar.

Eu poderia fugir e viver no mato, em algum lugar distante. Pescar, comer pitangas, dormir em algum galho de árvore, como um grande gato selvagem. Podemos fugir, fugir.

De olhos fechados, estou naquele outro lugar, sinto o aroma de laranja e o calor em minha pele. Um dia glorioso. Não, não é meu quarto. Eu não lembro onde coloquei meu crucifixo, não lembro. Devia ficar em meu pescoço o tempo todo mas meus seios estão nus, minha pele branca, pálida, tão quente, a cama a me envolver em um abraço mais e mais apertado.

Onde está meu crucifixo?

Abro meus olhos, tia Adelaide, vermelha, seus olhos vermelhos sorrindo no retrovisor vermelho.

Respiro fundo.

Amanhã cedo, missa. Em uma igreja vermelha, com Maria vermelha, e através do vitral o Sol lançará seus raios vermelhos no altar.

Fecho os olhos. Respiro fundo.

— Chegamos. Vamos sair, Clara.

De olhos fechados, estou de volta ao quarto, a cama negra, e as paredes vermelhas. A janela, escuto alguém dizer, A janela dá para o mar. Uma mulher. Nua. Ela sorri. Dentro de mim, a mulher sorri e nos beijamos. Meu peito arde, queima, e algo em mim se retorce e ruge. E, então, aperto mais meus olhos. Mais e mais, eu os aperto.

E fecho meus olhos, e fecho meus olhos, e fecho meus olhos.

Casamento

— É ele, sim. Coloca teus óculos, Chico.
— Fala baixo, Judite.
— Falo como eu quiser. Olha. É ele.
— É, sim.
— E o que vamos fazer?
— Vamos para a fila do ônibus. Ele não vai ver a gente. Ficamos atrás.
— Preciso contar pra Mônica.
— Mulher, não faz isso...
— Quem não devia fazer isso é ele. Onde já se viu um padre namorar?
— Você nem sabe se...
— Ele beijou ela. Você viu. É lógico que é mulher dele. Onde já se viu isso? Em que mundo estamos?
— No Chile, mulher, de férias. Por isso ele tá à vontade. Deixa o homem em paz.
— Vocês, homens, são todos iguais. Ele é padre! Vai me dizer que ele tá certo, e eu, sua esposa, estou errada?
— Faz o que você quiser.
<Mônica, você não adivinha quem tá aqui no Chile, na fila do ônibus, bem na minha frente>
— A Mônica nunca vê o celular...
— Guarda esse celular. A fila tá andando. Vamos entrar no ônibus.

— Olha, olha, ele sentou. Vou dar um oi.
— Não faz iss... Faz o que quiser.
— Psiu, psiu? Oi! O senhor tá bem?
— Estou muito bem, querida.
— Sou eu. Não lembra? Sou do ministério da catequese. Lembra? Judite.
— Deus do céu!
— Bênção, amém.
— Olhe, querida, por favor, por tudo que é mais sagrado...
— Prazer, sou a Judite. Você deve ser a mulher do pad...
— Sou Margarida. E ele é Antonio. Apenas Antonio, entende?
— Querida Judite, entenda, a Margarida e eu estamos passeando, de férias.
— Ah, mas tem férias pra isso? Eu não sabia... Mas também né, sou muito burra pra saber dessas coisas. Afinal, o senhor me deu o ministério da catequese mesmo depois de eu ter pedido o do matrimônio. Por dez anos. Dez anos que eu espero que o senhor me dê o ministério do matrimônio.
— O trabalho é voluntário, e a senhora e as crianças são...
— Disso eu lembro bem. Há dez anos! O senhor me disse que eu tinha mais jeito com crianças do que com adultos. Acredita nisso, Margarida? Eu não ter jeito com adultos!
— Por favor, as pessoas estão olhando. Antonio, faz alguma coisa...
— Esse ministério é o meu sonho, Margarida. Acredita nisso? Um sonho tão antigo... Seria um presente de Deus para mim.

— Bienvenido a Chile, amigos! Listo para los Andes! No sé si vamos a ver el hielo, pero vamos a orar!
— Ah, *orar*. Isso deve ser rezar, né? Que beleza que temos um profissional aqui pra isso.
— Querida...
— Um momento, padr, quer dizer, Antonio. O celular. Ah, olha aqui. A Mônica me respondeu a mensagem do whatsapp. Ela tá louca para saber quem eu encontrei aqui no Chile. Essa Mônica e sua fofoquice. Imagine... Eu não consigo marcar uma simples reunião com o senhor lá na paróquia, e agora a gente se encontra aqui... O que é a vida, não?
— Querida, não posso obrigá-la a... Confio em seu bom senso.
— Sentémonos! Ahora vamos a tomar la carretera. Tendremos cuarenta minutos de sinuoso camino a la estación de esquí. Sentémonos, señora.
— Quarenta minutos até o topo dos Andes. É bastante, padre Antonio. Dou um tempo no whatsapp, gosto de ver a paisagem, pensar na vida. Quarenta minutos é o suficiente pra pensar na vida, né? A gente pode ver a vida inteira passando por nossos olhos, ida e volta, cada decisãozinha, né? Lá em cima, eu teclo com a Mônica.
— Sentémonos, señora.
— Si, Si!
— Judite, senta logo, mulher.
— Chico, eu falei com ele.
— Não me diga... Senta aqui e sossega. Deixa ele lá.
— Não vou contar nada pra Mônica.
— Ufa. Eu sabia que voc...
— Eu dei um tempo pro padreco pensar.
— Deus do céu!
— Amém.

Supermercado

Muito pesado. Não vou conseguir levar. Esse pode ser. O de cinco litros. Pego quantos? Uns dez? Vou precisar de mais um carrinho. Não, coloco um em cima do outro. Dez galões de cinco, vão ser uns cinquenta litros. Bebo mais de um litro por dia. Faz bem para a saúde. Droga. Vou ter de racionar. Bebo no máximo um litro por dia. Pronto, pego essa garrafa de um litro, assim tenho a medida. Não passo disso.

O que mais? Anda, carrinho besta. Sempre assim, essas rodinhas não prestam. É só você escolher um carrinho limpo e começar a enchê-lo que as rodinhas travam. Uma bosta. Uma grande bosta tudo isso.

— Olha meu pé, dona!

Sai da frente, marginal. Passo mesmo por cima do teu pé. Vamos, sai. Preciso ainda comprar mais. O que mais? Cloro. É, cloro para desinfetar alimentos. Lá na parte de verduras. Dez reais um vidro minúsculo. Uns dez vidros. Essa conta vai ficar monstruosa.

— Amiga, amiga, o cloro tá em oferta?

Por que sempre tem gente querendo socializar em supermercado? Vai pro bar, pra rua.

O carrinho mal se mexe. Tenho de imprimir força. A rodinha range e parece desistir de ir para frente. De que serviram minhas horas de step, musculação e spinning?

Vamos, para algo tem que servir aquela maldita academia. Força.

Água, cloro. O que mais? Enlatados? Esquece. Não cabe mais nada nesta porcaria de carrinho.

— Calma! Deixa que eu te ajudo, senhora.

— Não precisa.

— Eu ajudo. Empurro até o caixa para a senhora.

Maldito carrinho. Bateu e empacou em frente à bancada das maçãs. Maçãs vermelhas, verdes, gala, fuji, rolando pelo chão, parecem fugir, como ratos correndo de um gato. Passam por sob as bancadas das demais frutas e se chocam contra pés incautos. Uma velha chuta uma maçã argentina que bate na bancada das alfaces. Uma pequena maçã verde se aninha em uma caixa vazia, ao pé da coluna das batatas.

Acompanho o estrago com interesse morno, como se estivesse sedada. Tudo acontece lentamente demais, em uma sucessão aleatória de movimentos inevitáveis. Sou incapaz de me mover. A maçã gorda e vermelha quica no chão ao ser chutada pela garota com malha de ginástica. Rola até a barra lilás de bolinhas brancas do vestido da menina.

A menina pequena, grudada na mão da mãe, acompanha o balé das frutas, como eu. Fica maravilhada com a maçã a seus pés, agacha e a pega. Antes que alguém possa impedi-la, ela finca os dentes na carne branca da fruta. O barulho da mordida chama a atenção da mãe que ralha com a filha, agarrando-a pelo braço. Onde já se viu pegar fruta do chão e comer? Não tem educação? Não tem nojo? A menina se assusta e engole o pedaço inteiro, depois mexe a boca, abocanhando o ar. Não há mais nada em sua boca para mastigar. Os pequenos dentes de leite não têm mais alvo. A maçã, gorda e suculenta, cai ao chão e se quebra em pedaços. A mãe grita e sacode a menina. Bate nas costas. Não, não bata nas costas. Alguém salve minha filha. Vire de cabeça pra baixo. Sai da frente, sou médico. Pegue de costas e pressione. Pressione. Pressione. Mais uma vez.

 O pedaço preso é expelido e arremessado ao longe. A menina ainda acompanha seu voo antes de explodir em lágrimas e se agarrar no pescoço da mãe. O supermercado é só alegria. A velha de vestido azul-marinho leva as duas mãos à boca, emocionada. O homem de shorts aperta com força o pote de cream cheese light. O repositor das bananas não pode perder o ritmo, as prata estão muito maduras e ninguém vai comprá-las.

 A cena de alegria logo é anunciada pelos alto-falantes A menina vai virar matéria de jornal. Primeira página, pensa o gerente que corre a prestar auxílio tardio, mas ofereceria à família um mês, um mês não, um dia de compras grátis.

 O carrinho emperrado, grande vilão, ainda está enfiado na bancada de maçãs. Cheio de galões de água mineral e frascos de cloro. Compra estranha. A dona só podia ser louca. E cadê ela? Uma mulher terrível, passou com o carrinho por cima de meu pé. Uma mulher cruel e terrível.

 Uma mulher cruel, ainda escutei. Não sou surda. Corro. Desperta de meu sono, corri. Larguei carrinho, atendente, espectadores mudos da tragédia por vir. Não espero. Passo pelos caixas, de mãos vazias, como entrei. Burra, burra, burra. E agora? Não há tempo. Chego no estacionamento e salto dentro do carro, voo pelas vias estreitas e pego a saída para a estrada. É mais rápido. Depois paro em um Frango Assado pelo caminho e encho o porta-malas.

O carro grita, esqueço de mudar de marcha. Terceira, quarta, quinta. Só me falta fundir o motor. Não. O carro está perfeito. Veio da manutenção no mês passado. Graças a Deus. Deus. Meu Deus. Nada disso vai acontecer. Amanhã tudo estará normal. O fim do mundo está longe, longe. Estou exagerando, todos exageraram.

Não vai acontecer nada.

Protagonista

— Acorde! Acorde! Acorde!
— Quê?
— Vamos, acorde!
— Quem é você? O que faz aqui em minha casa?
— Sou uma amiga, escute...
— Amiga do Max?
— Sou *sua* amiga. Tem a ver com o Max.
— Ele está bem? O que aconteceu com ele?
— Tá ótimo. Ele sempre vai estar ótimo. É você quem morre.
— O quê? Você é uma das "amigas especiais" dele?
— Agentes secretos, eu sei de tudo. E, aliás, ele mente para você, mente o tempo inteiro.
— Max faz o que é necessário.
— Max é um idiota. Ele já dormiu com todas as "amigas especiais" dele.
— Max me alertou para isso. Para as mentiras que me contariam. Eles sabem que sou eu quem une Max ao que mais importa na vida.
— O que mais importa é ele mesmo. É um estúpido te enganando e...
— Amo Max. É fácil amar aquele que todos amam. Mas eu não. Eu o amo. Eu amo o bom homem que ele se tornará.

— Essas suas frases feitas. Sempre tão doce e meiga, mas morre. Não adianta de nada, morre! Não é melhor continuar a viver mesmo que um pouco menos amada?

— Menos amada? Não consigo nem pensar em uma vida sem meu Max.

— Pare com isso. Tem que pensar diferente. Você se lembra de fazer alguma coisa quando ele não está por perto?

— Que pergunta mais...

— Lavar roupa, secar a louça, aguar as plantas, tomar banho, qualquer coisa?

— É claro que eu tomo banho!

— Não, não se lembra. Você só está viva ao lado dele. Sem ele, você fica aqui congelada. Fora de cena. Mas não é isso, você precisa vir comigo. Você morre daqui a três episódios. E eu não quero. Já assisti isso muitas vezes, não vai se repetir de novo.

— Como assim? Você veio do futuro? Porque Max também me disse que...

— Max, Max, Max! Tudo gira em torno dele. Você gira em torno dele. Acorda!

— Mas?

— Vem comigo!

— Desculpe, calma, você está agitada, está me deixando agitada. Quer um chá?

— Não, não, não. O que eu faço? O que eu faço para te salvar? Por favor, por favor, vem comigo.

— Você quer que eu chame alguém? Está se sentindo mal?

— Sempre uma fofa. Se importando tanto com os outros... Por isso gosto de você.

— Obrigada?

— Não pensei direito nisso tudo. Imaginei que se eu viesse te salvar, você viria comigo.

— Eu estou bem. Você é que parece estressada demais, amiga.

— É por isso que você morre, sabia? Muita bondade, esse amor cego. Você entra na frente de uma bala por ele!

— Max sabe que eu faria isso. Ele também faria isso por mim.

— Gosto de você. Gosto mesmo. Precisa acreditar em mim. Foi muito difícil chegar até aqui. Muito. Vamos fugir. Vamos.

— Senta. Você está exausta, estou vendo. Aqui, aqui seu chá.

— Obrigada. Você é um doce. É a melhor. Você é quem deveria ser a protagonista... Não quero que você morra. Precisa vir comigo.

— Biscoito?

— Amanteigado? Sabe que a Lorelai, sua vizinha, morre de inveja dessa receita?

— Se não sei?

— Amiga, eu sei de sua receita!

— Você sabe o segredo?

— Açúcar mascavo e amor!

— Açúcar mascavo e amor!

— Deus, o que foi isso? Por que estou falando de biscoitos? Não. Minha cabeça...

— O que você tem? Está se sentindo bem?

— Não. Esse lugar. Está mexendo com minha cabeça. Vamos embora. Eu te levo para minha casa.

— Fica longe?

— Nem tem ideia. Mais importante, você vai viver. Pode trabalhar comigo na mercearia.

— Aceita um croissant? Acabo de assar.

— Delícia. Está uma delícia. Aposto que usou a farinha especial e um toque de noz moscada.

— Isso! Você e eu juntas poderíamos fazer os doces para a reunião de sábado, o que me diz?

— Sério? Quer cozinhar comigo?... Não, não, não. Não é nada disso. Minha cabeça...

— Amiga, relaxe que eu faço uma massagem em seus ombros.

— Não, não precisa, mesmo. Temos que ir embora. Você e eu.

— Seus ombros estão tensos. Tão tensos.

— Vamos. Você mora comigo na quitinete, até conseguir algo seu.

— Você mora sozinha?

— Sim, mas nós duas juntas podemos...

— Solteira? Não sabe que Ernest está solteiro também? Conhece ele?

— Um pedaço de mau caminho... Pedaço de mau caminho? De onde veio isso... ai, minha cabeça.

— Ernest é um...

— Pedaço de mau caminho! Pera... Não era isso...

— Farei um jantar hoje e convido ele. Você não quer conhecê-lo?

— Ernest...

— Então?

— É... Esse croissant tá muito bom...

— Não é? Aposto que você ia adorar o de chocolate.

— E quem não gosta de chocolate?

— Ah, seu cabelo é tão longo! Eu posso fazer tranças? O Ernest vai amar.

— Você acha? Eu tava pensando em cortar uma franja.

— Vai ficar divino! Vem, vamos no banheiro que eu já corto pra você.

— Uma franja longa, né? Lateral. Curta, curta, acho que não...
— Vai ficar uma deusa! Já vou avisando, o Ernest, quando fica interessado em alguém, tem a mania de arrumar os óculos.
— É?
— Sabe por quê? Porque as lentes embaçam!
— Que graça!
— Não é? Vai ficar, né? Uma noite aqui comigo? Max não liga. Daí você conhece o Ernest e depois conversamos mais sobre essa sua história.
— História? Qual história?

Bella donna

Seu nome não é Carlo. Agora eu sei. Nem deve ser italiano de verdade, não é?

Está certo, sempre esteve. Acho que vai gostar de saber disso. Eu então declaro com todas as palavras: você está certo. Eu nunca entendi bem as coisas, você disse. É isso mesmo. Eu sou devagar. Entender nunca foi meu forte.

Eu nem descobri sozinha, admito. O Zacarias me contou, o porteiro. Sim, eu passei aí pra falar com você, e acho que ele teve pena de mim. Ele disse que eu parecia uma boa moça, que você não me merecia. Não tive forças para te deixar um bilhete, mas faço isso agora.

Foi um mês difícil.

Você não sabe nem da metade.

Estou diferente.

Como deve suspeitar, eu percebi que sou louca. Aposto que está balançando a cabeça, concordando.

Consigo te ver enquanto escrevo. Calma. Consigo te imaginar. Eu conheço cada ruga de seu rosto, pode não gostar disso, mas eu te conheço. Não desista de ler, continue. Sente em sua poltrona de couro, aquela perto da varanda com vista para o parque. Relaxe e leia. Eu sei o quanto você gosta de ler. Eu sei. É um bom relato, você vai ver.

Tentei me matar. Ainda tenho dúvidas se realmente não consegui. Estive no inferno. Passei pelo inferno.

Meus pulsos cicatrizaram. Os pontos foram retirados. Não dói. Nada dói tanto mais. Tenho dificuldade para escrever, segurar a caneta; a letra não é minha.

Naquela noite, naquela noite, a velha do apartamento vizinho se cansou de escutar os gritos e obrigou o zelador a invadir meu apartamento. Ela se chama Elza. E ficou comigo no hospital. Ela me acompanhou até o seu prédio antes e vai comigo hoje de novo. Diz que é velha e não tem muita diversão além de ficar conversando com os motoristas de ônibus. Ela é uma boa senhora, no fim das contas. No fim basta que se fique junto, lado a lado, para se conhecer alguém. A Elza é uma boa senhora e eu não tive coragem de contar a ela. Sabe, eu não gritei por cortar os meus pulsos. Aliás, eu não gritei.

Foi minha mãe.

Ela veio, apertou meus pulsos com as mãos. Os olhos grandes e negros fixos nos meus. A boca não se moveu, mas, ainda assim, ela gritou. E do meu pulso, contido por suas mãos firmes, não escorria mais sangue. E ela a me encarar. Minha mãe. Minha mãe me salvou.

Aposto que seus olhos brecaram no "minha mãe". Continue. Vire as páginas com a ponta de seus dedos. Ela morreu, você sabe, eu te contei. Lembra? Eu te contei naquela vez em que você percorria meu corpo, tatuagem a tatuagem, e me disse que faltava uma no meio do peito, entre meus seios, uma underboob. Não sei se você me escutava quando eu te contei. Mas eu lembro de tudo. Lembro de você me dizer que eu era a suicide girl mais linda que você já tinha comido. Quem diria, suicide girl. Eu nem sabia que essas garotas existiam. Eu só gostava de me tatuar.

Você sabia. Você sempre sabe sobre essas coisas.
Não pare agora, siga as linhas.
Linhas, não. Você me corrigiu naquele nosso segundo encontro. Naquele em que você contava sobre sua paixão pelo livro em papel, sobre o aroma, sobre ter cor, gosto, que nunca, nunca, nunca, ele morreria. Eu concordo. Certas coisas não funcionam virtualmente, nem por e-book, nem e-mail. Esta carta é uma dessas coisas. Naquele encontro, você me corrigiu, um poema não tem linhas, tem versos e os versos formam estrofes, assim como um romance não tem linhas, mas sim sentenças. Eu aprendi com você.
Eu andarei vestido e armado com as armas de São Jorge. Para que meus inimigos, tendo pés, não me alcancem; tendo mãos, não me peguem; tendo olhos, não me vejam; e nem em pensamentos eles possam me fazer algum mal.
Eu tentei me matar.
Por que minha mãe veio me salvar apenas quando cortei meus pulsos? Desconfio da verdade nos atos de minha mãe. Por que ela veio para me impedir de me matar mas não veio antes para me afastar de você?
Você é a causa da minha dor. Como pode ser amor o nome dessa dor que eu sinto?
Suspeito que irei passar minha vida procurando respostas. Ainda agora tenho dúvidas, e minha cabeça é um conglomerado de vozes. Não me importo. Nunca entendi de coisa alguma, não será hoje que irei decifrar algo.
Escuto as vozes nitidamente, sem ruídos. De início, parecia rádio fora de sintonia. Sinto que uma das vozes é de minha mãe.
Ontem eu a vi no reflexo do espelho. Eu estava penteando o cabelo e a vi ali. Sei disso porque ela não era

loira como eu. O rosto é quase o mesmo, mas o cabelo é vinho. Ela sorriu, pousou a mão na superfície do espelho, e eu a imitei, juntando nossa palma, uma de cada lado do vidro. Senti tanto amor, um calor por dentro, e o ar foi tomado pela fragrância de lavanda. No mesmo instante, uma planta brotou, subindo do ralo da pia, com flores arroxeadas, e foi se espalhando por todo o banheiro. Os ramos se esgueiravam para fora, para a sala, e eu fui caminhando, seguindo, queria ver até onde eles iriam. Continuei, encantada, percebendo que eles saíam do apartamento e me surpreendi vendo que os ramos desciam as escadas, abandonavam o prédio e adentravam o terreno baldio logo em frente.

Ali, em meio a entulhos e lixo que toda gente insiste em despejar, ela floresceu, folhas largas e ovaladas, pequeno arbusto. A planta sorriu para mim, como fazem os bebês involuntariamente enquanto dormem. Cavouquei a terra com as mãos e aninhei suas raízes em uma lata. Subi com ela, com minha flor, até meu apartamento, e, de uma jarra, fiz o vaso. Ela gostou. Abria-se, botão a botão, e, em outro ramo, nasceu uma semente redonda e negra, como uma pequena jabuticaba. A flor é da cor da ametista, formato de sino, aveludada ao toque.

Demorei a saber seu nome. Ela não me disse de início, pudera, era pouco mais que um bebê. Mas já sentia, ao pressionar de leve seus talos carnudos, que ela era forte. Uma bela menina. Uma bela mulher. Como você diria, bella donna.

Não consigo imaginar outra mulher em sua vida. Não consigo. Mas vou superar isso. Tenho de aprender a viver sem você. Choro menos a cada dia. A tristeza tem seu tempo exato e, quando acaba, dela brotam flores violáceas com sementes negras.

No fim, o fim sou eu lado a lado comigo mesma, seguindo uma linha, ah, linha, não, a vida não tem linhas, apenas sentenças.

O papel e a tinta não vão durar para sempre.

Ontem mesmo perdi minha última caneta.

Difícil, mas arranjei mais tinta. Meu jardim me ensinou como fazer; deram-me folhas, raízes, e minha filhota deu um pouco de suas sementes. Atropa está tão linda. Como cresceu depressa! Minha bella donna Atropa. Lembra que eu costumava dar nome às minhas plantas? Ainda não perdi essa mania. Acho que algumas manias são difíceis de serem corrigidas. Assim como você e suas leituras.

Às vezes, a saudade é forte. Tenho que aprender a viver sem você. Eu sei. Você mesmo já me disse isso. Vou aprender.

Não consigo ficar sem passar por sua casa, o seu prédio. Pois bem, um dia temos que partir. Sofro pelo dia em que terei de deixar Atropa. Tenho que aprender a viver sozinha. As vozes me abraçam e dizem que amor de mãe é o mais puro que há. A gente se transforma depois de uma experiência dessas. Assim aprendemos. Apenas assim. Da experiência. Uma poeta disse, acho que foi Alice Ruiz: depois que um corpo comporta outro corpo, nenhum coração suporta o pouco. Algo assim. Algo simples e verdadeiro assim.

Umedeço os olhos com a seiva diluída e aprendo caminhos. Dilato-me. Não sou mais quem eu era. Das folhas, sou a floresta.

Já reparou, Carlo, posso continuar te chamando de Carlo, não?, já reparou que as pessoas não prestam atenção a nada mais nessa vida? Andam pelas calçadas sem virar o rosto. Olham para o nada à frente ou encaram o chão. Não veem o céu, nem admiram as árvores. São surdas para a canção e o sussurro do vento. Pessoas passam diante de seu prédio, Carlo, e não se abalam. Para elas, sua casa é só mais um endereço entre tantos outros. Um monumento gasto pelo tempo. Desses que passamos em frente todos os dias a caminho do trabalho, que se tornam invisíveis por estarem sempre ali à nossa vista. Um monumento desses em que pombos pousam, defecam e abandonam penas mortas.

Mas não, não para mim. Assim que me aproximo, os sons mudam de ritmo e o sangue em minhas veias corre mais rápido. Para mim é uma relíquia estrangeira. À frente de sua casa, estou em outro país, em uma época distante, desconheço a língua, o ar é carregado de aromas estranhos, e a luz tem outra tonalidade. Há pedestais e estátuas, uma delas é você, Carlo, mas os escritos ao pé de sua estátua estão apagados, gastos pela erosão, e dos fragmentos não é possível compreender a mensagem. Logo será esquecido. Sua estátua, antes imponente, está se partindo e lhe faltam os braços. Ainda vejo os restos de seu arco encaixado em seu tronco. Mas para que servem flechas a quem não possui braços para tensionar o fio do arco?

Nessa terra estrangeira, eu admiro sua casa. Como um marco de algo que não entendo. Uma lembrança apagada.

O que você fez para eu sentir esse aperto? Fecho os olhos para procurar minhas memórias. Estou nublada por dentro. Talvez eu vá chover mais tarde. Talvez caia então uma tempestade. E raios.

Armas de fogo o meu corpo não alcançarão; facas e lanças se quebrarão sem o meu corpo tocar; cordas e correntes se arrebentarão sem o meu corpo amarrar.

Conheci três velhas em um dia desses. Elas me deram um presente. Quando as encontrei, elas tricotavam algo, às voltas com linha, agulha e tesoura, mas suspenderam suas atividades para conversar comigo. Me deram uma suçuarana. Era uma gatinha pequena aninhada nos braços de uma das velhas, mas, ao saltar para perto de mim, a gata cresceu e pousou no chão já uma onça completa.

Minha suçuarana. Disseram que eu precisaria de uma guia. Não entendi e elas riram. A risada delas contagia. Rimos juntas. É libertador rir alto. Algumas poucas pessoas que estavam ali por perto se distanciaram de nós. A alegria assusta.

Assusta como Lita. Eu descobri sobre ela. Você ia mudar, eu pensava. Muito difícil eu te imaginar com outra.

Lita e seu oráculo ali, logo na praça perto de sua casa.

Eu fui até lá, não sei se você sabe. Conversei com Lita. Ela é linda. Você tem bom gosto. Tem. Ele tem sim, mãe!

Inferno. Dá um tempinho, mãe. Difícil me concentrar. Volte pras suas orações. É, sim, volte. Não precisa comentar cada linha que escrevo. Sentença. Sentença.

Então, a Lita. Ela leu minhas mãos. Eu arrepiei ao toque, tanto cuidado e delicadeza. Não imaginava. Uma mulher grande, robusta, tão delicada. A pele morena, escura, e os cabelos encaracolados castanhos. Ela é uma cascata. Isso mesmo, mãe. Uma cascata. Quando ela fala, sinto o frescor de água de rios correntes.

Eu sei sobre Lita.

Ela vê o passado, o presente, o futuro, faz e desfaz trabalhos, amarrações amorosas, traz seu amor de volta em duas luas.

E ela tem três olhos.

Estou atenta. A vida – nos olhos de Lita como passado, presente, futuro – é uma apenas. Misteriosa trindade.

Por mais que Atropa dilate meus olhos, não tenho o terceiro olho de Lita. Não consigo ver o presente. O passado se desmancha como torrões de terra, e o futuro é queda.

Que estenda a mim o seu escudo e as suas poderosas armas, defendendo-me com a sua força e com a sua grandeza, e que debaixo das patas de seu fiel cavalo meus inimigos fiquem humildes e submissos a vós.

Lita. Lita. Lita.

Não mais, não mais. Nunca mais.

Não, mãe, não vou contar, ele não quer saber. Você quer saber? Consigo te ver ainda sentado na poltrona, inclinando de leve seu tronco para a frente, quase pronto a levantar, mas na verdade procura pelo copo de whisky na mesinha de centro. Eu reparava nesses seus pequenos gestos. Acho que eu os colecionava. Não me lembro de todos eles, algo nubla aqui por dentro.

Lita me disse que fechou seu corpo. Demorou a me dizer isso. Chorou muito também. Não lembro o porquê. Ela disse que você era um energúmeno. Sério, energúmeno. Eu nem sabia que essa palavra existia.

Ela me disse que você mesmo é quem ia abrir seu corpo de novo. Abrir as linhas para que o destino fluísse de novo, percorrendo seu sangue lenhoso, tingindo de novo de vermelho suas veias.

São Jorge, rogai por nós!

O frasco com o líquido de Atropa amarrei com fios trançados de meus cabelos e das fibras secas das folhas dela. Levo ao pescoço meu colar de pelos e folhas. Ele é o elixir, algum tipo de elixir, dilata caminhos, dilui-se com tanta facilidade e é escuro, escuro como a noite, escuro como as letras dos livros que você lê com tanta vontade, com a fome de conhecer que te leva a acompanhar cada palavra com seus dedos, traçando sentenças.

Nunca mais, São Jorge, nunca mais. O que se fechou sem honra, sem honra se abra.

Cala a boca, mãe! Ele não sabe, não sabe de nada. Mas desconfia, então não grita!

Desculpe, desculpe por isso. Minha mãe não se controla muito bem. Um dia, um dia ela também vai embora, como Atropa, como as velhas, como Lita, como você. Um dia todos se vão e ficamos órfãos nessa terra. Continue a ler. Falta pouco. Beba seu whisky, lamba a ponta dos dedos, saboreie minhas páginas.

Um dia, talvez hoje mesmo, raios e tempestade, e você se vá.

E eu vou aprender a viver sozinha.

Desculpe por tornar esta carta tão longa. Mas ela precisava ser longa. Longa como nossa história mal escrita. Longa como os ramos de minha Atropa, minha linda bella donna, tinta de seu sangue, de doces funestos frutos, aroma que apenas raízes e sementes conhecem, de dentro da terra, para dentro de você.

Essa carta longa precisava ser longa, entende?

Não se preocupe em entender.

Entender também nunca foi o seu forte.

Alguma coisa bela

Tórax.

A segunda vez no mês, acredita? Primeiro me enviaram e-mail dizendo que o aumento ia ser de dez por cento e hoje me enviam um boleto com vinte por cento a mais.

Quando aluguei este galpão o custo era quase zero. Zero. Mas foi há dois anos. É, isso é verdade. Tudo subiu.

Lógico que vou pagar. Não tem como eu achar um lugar assim, perfeito. Longe de movimento, mas não fora de mão.

Aorta discretamente alterada.

Ah, menina, antes mesmo de eu te abrir já estava prevendo isso. Não dá para dizer nada apenas pelo seu físico. É uma sensação, sabe? Músculos bem traçados, algumas pequenas lacerações no rosto. Certamente pela luta de ontem.

Aliás, uma bela luta. Quando eu podia imaginar que uma garota pequena como você ia derrubar aquele javali. Mulher. Eu sempre diminuindo nosso gênero. Quando eu podia imaginar que uma mulher pequena como você ia derrubar uma mulher grande como aquela.

Ah, não disse? Coração aumentado. Uma mulher pequena com um grande coração.

Aqui, problema na válvula aórtica.

Você devia mesmo parar de lutar. Seu coração não aguentaria muito mais. Talvez uma dezena de lutas. Agora nunca iremos saber. Mas é por uma causa maior.

Por uma causa maior.

Bobagem, sabe? Bobagem. É besteira que o cérebro deles tem mais neurônios. Eu trabalhei em uma pesquisa assim. Dados tão limpos quanto o rabo de um gambá.

É biológico, disseram. Uma pesquisa comandada por homens conclui que homens são superiores a qualquer mulher. Qualquer mulher, esse termo estava no relatório. Ou era uma mulher qualquer? Pesquisa financiada.

Ah, sim, para aquela pesquisa havia verba. Sobrava verba, embolsavam verba. Mas se uma mulher qualquer, mesmo que renomada cientista, propusesse uma pesquisa inovadora, logo a chamariam de louca. Descompensada. Você está nervosa, me disseram. Não é nada pessoal, alegaram.

Uma mulher está sempre nervosa.

Mas estavam certos, não é nada pessoal.

É algo além de pessoas. É sobre qualquer mulher. Nós, mulheres, somos sempre tantas coisas, tantas coisas, mãe, irmã, dona de casa, operária, amante, poeta, revolucionária, reacionária. Tantas partes.

Somos a base da família, dizem. Somos o pavimento sobre o qual passa a humanidade. Somos tantas vias, sem, porém, nenhuma travessia.

Útero e ovários normais. Não, nunca está aqui. Não deixa de ter alguma ironia. Bexiga, uretra, normal. Vulva, hímen. Na sua idade? Não, não julgo. Me espanto. Estava se guardando? Para o amor verdadeiro? Nada aqui, nem esperava encontrar.

Nádegas, normal.

Dor nas costas, mal da profissão. Vê, nem me alongando me livro dessa dorzinha. Bem, mal da profissão e de meus quilinhos a mais. É, ser vegetariana não me faz ser mais magra. Talvez eu comece a fazer uma refeição só no dia. Talvez eu nem precise comer tanto, apenas precise mastigar mais, morder mais, rosnar mais.

Vou deixar as pernas para depois. Suas coxas, pode estar aqui... Enfim, vamos subir de novo.

Estreitamento do espaço no tecido conjuntivo na articulação do pulso.

Isso devia prejudicar sua performance. Até mesmo impossibilitá-la de lutar. Mas você lutava mesmo assim, e venceu aquela mamute. Digo, mulher imensa.

Possível síndrome do túnel do carpo. Mãos frágeis. Como a daquela escritora do mês passado. Eu achei que estava nas mãos, já que era uma escritora. Devia estar nas mãos. Mas nada. Havia nada por dentro das mãos, além do usual, e também de discreto estreitamento no pulso. Não está nas suas mãos de boxeadora tampouco.

Seria nos lábios? Mas uma lutadora de boxe nem ao menos fala. Não custa tentar.

Análise visual indica reparação de lábio leporino. Incisão e verifica-se que, traços, uma fissura labiopalatal. Não está aí também. Não está. Também não estava nos lábios da professora. Uma mulher instigante. Assisti a uma fabulosa aula dela de história da arte. Ela disse tantas coisas incríveis. Eu não sabia que as obras de arte mais importantes foram todas perdidas. Eram as pinturas feitas no corpo das pessoas. Amantes que se pintavam. Não era arte para expor, nem para vender, era algo a mais, naquele tempo a arte era algo a mais. E estava na arte, diziam. Estava em nós e na arte.

Me faz lembrar da aula sobre *As três graças*. Várias pinturas, esculturas. Três mulheres, duas olham numa direção e, a terceira, na direção oposta. A beleza, a harmonia e o olhar para a direção contrária. Foi essa aula o mote para que eu convidasse a professora para um café, a trouxesse depois aqui para procurar dentro dela. Onde estaria, seria nos lábios, pois ela falava de forma tão bela, ou nas cordas vocais? Eu poderia ficar eras escutando. Bem, agora não mais.

As três graças foi tema de várias pinturas, várias esculturas. A professora me disse. Mas a que mais a encantava era a versão pintada n' *A Primavera*, de Botticelli. Eu não me lembro se perguntei o motivo, lembro-me apenas de ela silenciando, parou de falar, pegou em minhas mãos e me encarou. Ficamos um bom tempo assim, ela a me olhar, eu a contemplando. Seus olhos iam de castanho-escuro a mel. Fiquei perdida analisando a cor dos olhos dela e não notei que ela abriu um sorriso.

A beleza, ela me disse, era como as mulheres: mesmo em posições contrárias, se admiravam, o olhar era de pura beleza, puro amor, puro sentimento. Ela me revelou, então, que meu olhar era assim, como os das Graças.

A professora sabia falar. Pesquisei sobre o quadro assim que terminei de costurá-la. Comprei uma reprodução da tela, apenas a parte das Graças, imensa, o que se pode encomendar hoje nas gráficas expressas, e decalquei na parede interna do galpão.

Lembro-me, vagamente, de, naquele dia, ter sorrido de volta para a professora. Não queria sorrir. Queria beijá-la. Lenta e apaixonadamente. Encostando meus lábios nos dela, entreabrindo-os e sorvendo o que ela tinha por dentro.

Não estava nos lábios da professora e também não está, aqui, nos seus lábios.

Os machos têm cores. Veja o pavão. As fêmeas são apagadas e sem brilho. Na espécie humana, as fêmeas se pintam e enfeitam, em tentativa vã de ultrapassarem sua limitação. Pesquisa estúpida.
   Que raio de limitação?
   Aí acharam que eu estava nervosa de novo. Perdendo o senso. Perco é meu tempo indo em congressos.
   Não nos pintávamos para compensar nada. Era por amor. Éramos amantes. Estava à flor da pele.
   Seus cabelos são tão secos e quebradiços. Acho que ninguém é perfeito. Depois analiso os fios, mas certamente não estará aí. Os cabelos são muito externos, como as unhas. Nada além de material biológico descartável.
   60kg. Antes. 60kg você pesava.
   Logo depois da injeção, 58kg.
   Cabeça, tórax, braços, dedos, quadril, coxas, pernas, pés. Não importa o quão rápido eu trabalhe. Não importa. Alguns quilos somem logo depois do último suspiro.
   Acho que não está aqui em parte alguma.
   Mais uma vez tendo a concluir que se desprende assim que o coração cessa. Não o cérebro. O cérebro continua ainda por um tempo. Mas assim que o coração para, há o suspiro e algo se desprende.
   Essa parte que não encontro. Ela se desprende, livre.

Uma força da natureza

Uma força da natureza. Nunca soube o que essa frase significava até conhecer Pati. Não era Patti Smith, mas ela gostava de pensar que, sim, ela era. Vestia-se como a outra, de preto, e gostava de deixar os cabelos soltos e livres, que ela mesma desfiava com a tesoura.

Pati quis experimentar drogas. Contou-me sobre o livro *As portas da percepção*. Falou que o autor escreveu cada um dos capítulos sob o efeito de um alucinógeno diferente, um teste, para ver como aquilo afetava sua arte.

Arte.

Essa era uma lei. Pati começou a fumar pela arte. Achava a fumaça estética. Eu preferia incenso, mas rapidamente ela se desvencilhou de todo meu aparato hippie. Aquilo não era mais arte. Eu não entendi. Pati desfiou mais e mais seus cabelos e mergulhou nas drogas.

Não sei o nome de nada que ela usou. Me recusava a estar com ela naqueles dias. Uma vez ela me chamou, assustada, contou que tinha mais alguém lá. Outra coisa. Ela disse "coisa". Sussurrou "coisa". Como se a coisa pudesse escutar e se enfurecer com ela.

Encontrei Pati no chão, nua, deitada com os braços estendidos, qual cristo crucificado.

O apartamento estava escuro. Tinha um loft no segundo andar de um prédio. O seu rosto, virado para a gravura de uma mulher de costas, feita em aerossol preto na parede branca. E ela começou a me contar: Patti Smith andava de costas e subitamente olhou para trás, para mim, e me viu.

Ela achava que o grafite na parede era Patti Smith. Ela achava que a mulher em grafite havia se virado e a olhado bem fundo nos olhos.

Pati, deitada no piso de azulejos, nua, careca, assombrada, olhava fixamente para Patti Smith grafitada.

O silêncio era tanto que eu não ousei falar nada. Me aproximei de Pati e segurei em sua mão, eu estava do lado de seu rosto, para que ela não tivesse que girar o pescoço para me ver.

Ei, ela disse depois de um tempo. Uma lágrima escorreu em sua bochecha funda. Seus olhos, órbitas vazias, sem cores, eu já havia visto aquilo antes.

Ei, eu respondi, e não consegui conter minha tristeza, distorcendo a placidez de meu rosto rechonchudo e rosado.

Você viu?

Vi o quê? E me lembrei da "coisa". Ela está tendo uma viagem ruim, era como os amigos dela diziam, bad trip. Aliás, onde estavam aqueles miseráveis? Agora, que ela parecia louca e frágil, eles a abandonaram. Foi divertido enquanto durou, não? Foi surreal enquanto gastavam o dinheiro da herança dela, o único dinheiro que ela tinha. A sua arte não lhe rendera nem migalhas.

Tudo isso queimava em minha garganta. Mas eu não ia despejar amargura na Pati ali, nua e imóvel.

A coisa está ali, na varanda. Vai lá. Por favor. Por favor. Ela me pediu.

Decidi entrar no jogo. Eu poderia ajudá-la mais, talvez, ligando para uma ambulância mas ela não parecia machucada, pelo menos não fisicamente.

Saí na varanda. A lufada de ar fresco me revigorou. Há quanto tempo o apartamento estava fechado? Há quanto tempo eu não visitava Pati?

Respirei fundo e decidi ligar, sim, para uma ambulância. Pati devia estar com anemia ou ainda no perigoso torpor de sei lá qual ácido estivesse usando no momento.

Não precisa. Eu já liguei. A voz veio do canto escuro da varanda.

Congelei.

A coisa, lembrei. Era disso que Pati falava?

De trás do vaso de ráfis saiu uma figura, ainda mais magra que a Pati, mancando, abraçando a própria cintura com longos braços em vestes claras. Estava descalça e não sorria.

Eles devem estar aqui logo. A mulher disse.

Chegou então a hora. Eu afirmei, não era uma pergunta, mas mesmo assim a mulher balançou afirmativamente a cabeça.

A mulher se soltou de si mesma e agarrou a grade baixa da varanda. Mirava o longo nada à nossa frente. A noite já ia em sua metade, agora mais perto do alvorecer que do poente.

Ela tentou saltar daqui, sabia? Fui eu quem a puxou de volta. Fui eu quem a prendeu nesse pardieiro e proibiu que saísse atrás de mais drogas.

A mulher pausou, depois me olhou sem rancor e perguntou de novo, Sabia?

Não. Foi tudo o que eu respondi. Eu não sabia, havia me afastado de Pati. Do mesmo modo que fizeram seus amigos aproveitadores, ou sua família, ou todos que a abandonaram quando ela mais precisava.

Eu não precisava dizer nada daquilo. Ela, a mulher ali na varanda, sabia.

Escutei as sirenes e depois os passos pesados na escada, a porta sendo arrombada e o barulho infernal de se checar sinais vitais e levar um corpo para a UTI móvel.

Chegou a hora. Ela, a coisa, a mulher, repetiu. Seus olhos negros, inteiros, novos, em meus opacos. E eu senti um aperto no peito. Ela estava com medo. Seria a vez dela agora. Eu, eu que fui a antiga Pati, eu ia ser substituída, e ela, a coisa, a nova mulher ali de branco, deveria ocupar o meu posto, ela deveria ser aquela que iria reerguer nossa Pati e recolocá-la nos trilhos da vida.

Eu nunca tive que fazer algo tão difícil assim. Eu fui ela até o limite da queda. Eu fui a que a deixou quando os pais morreram. Eu fui a que desistiu de lutar e a deixou crer ser arte a destruição, tristeza e melancolia.

A coisa, ela, a nova Pati, ali, alva, descalça, ia ter uma tarefa difícil pela frente. Difícil, não impossível.

Eu quis lhe falar essas coisas todas, quis lhe contar sobre minhas dificuldades, me justificar, justificar a vida da Pati, a nossa vida. Não precisava. Ela sabia. Eu sabia.

Dei minhas mãos para a nova Pati, em branco, e vi seus olhos reconhecendo os meus, senti suas mãos apertando as minhas.

Vai dar tudo certo, confie em mim. Eu disse e a abracei. Ela tremia, mas balançou a cabeça, assentindo. Senti que ela se fortalecia, e eu ficava transparente. Separou-se de mim. Costas eretas, mãos fechadas em punhos, maxilar travado e tenso, um suspiro para dar ao tempo o tempo de alcançar o ponto mais próximo possível da serenidade.

Enquanto eu me tornava mais e mais sutil, como a morna lembrança de uma tarde de verão, vi que ela caminhava até a Pati que era atendida pelos paramédicos. Ela, de branco, se abaixou, pegou nas mãos da Pati caída e lhe disse com voz confiante Vai dar tudo certo, confie em mim.

E, mesmo em meio ao tormento, todas nós acreditamos.

A HORA MÁGICA

A luz esmaecia na fronteira do dia com a noite.
Yume bateu a foto. Algo se perdia na tradução das intensas cores do poente. Indecifráveis roxos, vermelhos, laranjas, rosas, violetas e azuis. Se ela pintasse os tons em uma tela, diriam que era invenção de sua cabeça, que nunca aquilo poderia ser real.
Ainda bem que havia escolhido fotografia, e não pintura. Uma atividade para passar o tempo, até, bem, até chegar o tempo certo.
Estava acompanhando um blogue com várias dicas, e, uma delas, era essa experiência, a de registrar o poente em várias ocasiões. Tão importante quanto a luz eram as sombras, onde incidiam na paisagem, as formas que delineavam. Era o horário conhecido como blue hour, que acontecia logo depois que o sol se punha.
Focalizou o horizonte, toda sua atenção concentrada e a câmera tremeu. Uma patada. Miando, Pink, sua angorá branca, subiu na grade da varanda e investia contra a câmera.
— Desce daí. Olha o potinho, cheio de ração!
Nada. Pink adorava ser o centro das atenções. Então, não teve jeito, começou a tirar fotos de Pink contra o crepúsculo. Logicamente, a rede de proteção da varanda prejudicava a poesia da composição, mas era essencial

quando se tinha uma gata. O apartamento era no último andar, uma queda fatal para qualquer ser, ainda mais um que vivia desafiando a gravidade e a paciência de sua dona.

Um passo para trás e escutou barulho de plástico amassado. No chão, perto do sofá, embalagens de iogurte, saquinhos, pratos de isopor, garrafas PET.

— De novo, não!

A gata, parecendo adivinhar a bronca, pulou da varanda para a sala e correu para o quarto, indo se enfiar debaixo da cama. Pink ainda não tinha parado com a mania de arrastar o lixo reciclado pelo tapete.

Yume bufou. Ter gatos era ótimo, mas o preço a pagar era um pouco insano. Tufos de pelos pela casa, lixo rearranjado, tapetes da cozinha sempre fora do lugar, brinquedos com penas pelos sofás, mesa, estantes, banheiro...

Mas, antes de começar a catar o lixo, aproximou-se de novo da grade da varanda. Inclinou-se, passando a objetiva pelo espaço livre, entre o trançado da rede de proteção, assim teria a paisagem sem interferência. Ajustou o foco e tirou mais duas fotos. Mirou para as sombras que se formavam na paisagem. Havia logo ao lado do estacionamento do prédio um terreno baldio em que estavam os restos de uma casa abandonada. Para além desse terreno, havia um bolsão de mata nativa, e uma das árvores sempre aparecia em suas fotos, uma em que brotavam flores laranjas no mês de agosto. Ela conhecia aquele tipo de árvore, via sempre por aí; uma vez atormentara a irmã, bióloga, para que descobrisse o nome. A irmã, depois de reclamar que já estava cansada de ser usada como enciclopédia ambulante, afirmou ser uma mulungu-coral. E, completara, fingindo estar em um documentário do *Terra da Gente*: era um espécime de tronco esguio e comprido, galhos que se esticavam em direção ao céu e se enchiam de pequenas flores laranjas para alegrar os dias.

Yume sorriu com aquela ideia, imagine se fosse isso, se a árvore desse flores apenas para deixá-la feliz. Por um momento, acreditou com todas suas forças naquela ideia, e um calor se espalhou do peito para o corpo inteiro. Ela levou a mão aos lábios e estalou um beijo, jogando-o no ar, em direção à árvore. Como seria bom acreditar que existisse algo assim no mundo.

Focalizou a árvore e bateu mais uma foto. Daqui a pouco teria o suficiente para algumas exposições: da extravagância do poente, da Pink, da mulungu-coral. Daqui a pouco, talvez, até tivesse coragem para descer os andares, chegar ao térreo e caminhar em volta do prédio. Daqui a pouco, travou o maxilar ao apertar os dentes, seria normal pegar o carro e dirigir até a padaria. Um dia isso voltaria a ser muito normal.

Suspirou. O violeta no céu se dissipava e o roxo tomava conta, logo seriam apenas os azuis-escuros e o preto, e a luz perderia para as sombras.

Suspirou.

Algo chamou sua atenção. Algo lá embaixo, no terreno baldio. Conseguia ver ao longe uma pequena forma branca às margens da vegetação mais alta. Voltou a olhar pela câmera, ajustou o zoom, percorreu a relva buscando a fonte do movimento. Ali. Encontrara. A coisinha pulou, corria aos saltos. Uma lebre branca. Ou coelho. Não sabia a diferença. Fez uma anotação mental para enviar um e-mail perguntando à irmã bióloga.

O coelho farejava o ar. Pulava. Da mata, ele ia em direção à casa abandonada. Apesar de faltar parte do telhado, era impossível ver lá dentro, por conta da altura das paredes. Existiam buracos, onde anteriormente seriam janelas e portas, mas neles havia apenas o breu. O coelho farejava o ar, pulava, ia ao encontro da casa, mas se deteve a alguns passos da primeira parede. Ficou de pé, sustentado pelas patas traseiras, cheirando o ar.

Nunca havia visto um coelho de pé. Inacreditável. Yume aproximou o dedo do botão e pressionou. O clique quase inaudível, mas o coelho virou-se para ela, diretamente para ela, ali no décimo andar, mas a quantos metros dele? Quarenta? Oitenta?

Então ele deu meia-volta de um pulo e correu, a pleno fôlego, de volta para a mata densa.

Ainda olhava para o local em que o coelho sumira quando escutou um rangido atrás dela.

— Como foi seu dia, fofinha?

Abrindo a porta do apartamento, Leo perguntara. Yume foi lenta demais, Pink correu para ele e pediu colo. Leo pegou a gata, e ela lambeu o rosto dele.

— Oooo, foi bom? Seu dia foi bom?

— Se você ficar chamando "fofinha", ela nunca vai atender pelo nome certo – Yume disse, afagando a cabeça da gata.

— A minha fofinha é você!

— Ei! – ela ia reclamar, mas ele a beijou.

Eram casados há apenas dois anos e os beijos ainda não haviam perdido aquele efeito colateral de causar frio no estômago. E ela esperava que aquilo nunca mudasse.

Ah, mas as coisas mudam. Mudam. Em um piscar de olhos. Pensou e se afastou dele, o usual traço de dor no peito, a respiração mais funda e teve medo de ofegar. Não, agora já tinha aprendido que devia respirar fundo, inspirar, expirar, tudo estava bem. Tudo está bem. Repetiu a frase mentalmente sob o olhar carinhoso dele. Ele sabia e esperou o tempo dela, sem perguntas desnecessárias e irritantes. Quietos, movimentaram-se, juntaram a bagunça que Pink havia feito.

— Fiz lasanha pra janta – ela disse quando já estava bem.

— Vou abrir um vinho – ele disse.

Ela pôs pratos na mesinha da varanda para jantarem perto do céu noturno. Ele colocou as taças e serviu a bebida. O clima estava fresco e a brisa soprava um cheiro de mato verde. Comeram em silêncio, mais porque a fome era grande do que por falta de assunto. Assim que a lasanha acabou, continuaram ali, admirando a noite, curtindo a taça de vinho e contando as novidades do dia. Pink não levou mais nenhuma bronca pela arte que fizera com o lixo reciclado e se deitou folgadamente no meio do casal quando foram assistir a um filme na sala. Desistiram de lutar contra o sono e foram dormir muito antes do final, nem chegando a ver se a mocinha ia mesmo ficar com o monstro marinho.

Às três e meia da madrugada, Yume acordou, como vinha acontecendo ultimamente. Levantou, sempre a irritava ficar deitada esperando o sono voltar. Não voltaria. Caminhou pela sala, em círculos pequenos, e, distraída, pegou a câmera e abriu a varanda. A noite estava fresca e havia lua cheia. Podia ver o mulungu-coral balançando flores que, ela sabia, eram laranjas ao ritmo da brisa. Flores laranjas, para ela ficar feliz, pensou e sorriu, dava mesmo certo. Ia jogar o beijo para a árvore mas parou com a mão estendida. Um movimento, notou um movimento perto da mata. Algo que brilhava sob a luz da lua cheia. Focalizou ali sua câmera.

O coelho.

Ou lebre.

Diabos, precisava perguntar isso urgentemente para a irmã.

O bicho pulava, pulava, aproximando-se de novo da casa abandonada. Yume se abaixou na varanda, sentou no piso gelado, deitou a câmera no chão, quase nem respirava. Não queria que o coelho a notasse. Que raios de bicho poderia reparar em uma pessoa a essa lonjura? Devia ser um coelho especial. Ou muito assustado.

O coelho se aproximou das ruínas da casa com cuidado, parando a cada dois ou três pulos, parecendo verificar se estava em segurança. Então entrou, e Yume perdeu a visão dele. Bufou. Agora o que faria até às seis horas da manhã?

Riu em silêncio. A que ponto chegara, se espionar um coelho era sua única diversão?

Parou de sorrir. Os músculos de seu rosto tensos. Diversão, ela pensou e sentiu a respiração acelerar. Não, não era nada demais. Era só inspirar e expirar. Inspirar e expirar. E ela escutou de novo, atrás de seus olhos, o barulho dos freios, que pareceram durar uma eternidade, e depois o baque seco e cruel.

Inspirou e expirou. Até se acalmar. Iria ficar tudo bem. Estava tudo bem. Tudo bem.

Muita atividade para uma madrugada. Decidiu levantar dali e fazer um chá, e depois tentar uma meditação, tinha baixado um aplicativo ótimo e...

O que era aquilo lá? Yume espiava de novo pela varanda e via uma fileira de lanternas, pessoas andando até as ruínas. Mas essa gente não tem mais o que fazer da vida? Será que planejam um churrasco de coelho? Não. São muito baixos para serem adultos. Mirou com sua câmera. São crianças, crianças!

Ela agarrou a grade da varanda até os nós de seus dedos ficarem brancos. Voltou a se abaixar, agora ajoelhada, o chão estava gelado demais para se sentar.

As crianças andavam devagar, uma atrás da outra, segurando lanternas... A luz, notou ela, era fraca, talvez fosse algo com LED, talvez o visor de um celular? Afinal, crianças já têm celular, até as pequenas têm coisas como tablets e... a imagem de uma menina estalou em sua mente mas sumiu em segundos.

A dor fina no peito. Yume respirou fundo e esperou até que ela passasse. Voltou a observar o terreno ali embaixo. As crianças caminhavam, curiosamente, de forma bem parecida com o coelho: davam alguns passos, paravam, voltavam a andar. Deviam estar em alguma daquelas brincadeiras lamentáveis, em que uma desafia a outra para fazer algo perigoso e insensato. Só podia ser isso. Mas ela ia ficar vigiando, ah se ia, e ia ver direitinho para onde as crianças voltavam, ah se ia, e depois ia contar para os pais delas... bem, não tinha ideia de quem eram os pais delas... ela mesma estava ali, naquele apartamento, há apenas um ano e não conhecia quase ninguém, porque, porque, porque era difícil sair dali. Muito difícil.

As pernas estavam adormecidas e a posição começou a incomodar, então Yume se ajeitou. Sua mão esbarrou em algo, e sentiu que alguma coisa roçava sua pele. Puxou o ar com força, quase engasgou e viu que era apenas Pink que queria se aninhar em seu colo. Yume fez sinal de silêncio para a gata, que, obviamente, não estava nem aí para a aflição da dona, e miou.

O miado ecoou pelos ares do décimo andar.

Yume mirou a casa abandonada e a trilha de crianças lá embaixo.

Estavam paradas, como que congeladas. Com a pouca luminosidade que carregavam, Yume conseguiu notar que os pequenos vultos se viraram em sincronia na direção dela. Sentiu na pele os olhares. Não havia como as crianças saberem que ela estava ali, havia? O som tinha sido alto, mas poderia ter vindo de qualquer um dos prédios dali.

Mas, decidiu, não era ela quem precisava se esconder. Aquelas crianças é que estavam erradas e iam se ver com ela, ah, iam! Deixou a câmera no chão, levantou-se, Pink em seu colo, e apontou para os vultos, como uma mãe dando bronca em seus filhos, balançando o braço. Em um momento de espontânea e rara fúria, gritou:

— Peguei vocês!

Assim que as palavras ecoaram, as luzes sumiram e todo o terreno caiu no breu. O coração de Yume quase pulou da boca. Mas seu lado racional a fez procurar pela lua, e lá estava uma pesada nuvem, bloqueando a luz. O céu nublava. Amanhã poderia chover. E amanhã ela iria, com toda certeza do mundo, caçar aqueles pestinhas e...

— Pelo amor de Deus! O que você está fazendo?

Sobressaltada pela voz de Leo, Yume apertou tanto Pink que a gata chiou um longo "fuuu" e pulou do colo.

Leo encarava Yume, boquiaberto, ainda esperando resposta para sua pergunta.

— Tem umas crianças no terreno baldio a essa hora, acredita? – ela disse em simulada descontração.

Leo alongou o olhar, mas não devia ter visto nada. Suspirou fundo, esfregou o rosto e abriu a boca para dizer algo, mas desistiu, apenas estendeu a mão e Yume o acompanhou até o quarto. Deitaram, e ele a abraçou, logo ele estava dormindo e ela fingia calma.

Observou o vai e vem da cortina até a primeira luz da manhã. A golden hour, o curso de fotografia a havia ensinado. Afastou o braço de Leo e foi fazer o café. Logo seria hora de ele sair para trabalhar, e mais um longo dia para ela fuçar no site de fotografia, espiar de novo a casa abandonada e com certeza interfonar para o porteiro e o síndico. Aquelas crianças estavam muito encrencadas, ainda mais agora que a tinham feito se passar por...

— Pensei que você estava melhor – Leo disse, e Yume tremeu, não tinha percebido que ele se aproximara. – Isso tem que parar.

— Isso o quê?

E ele apontou para o apartamento inteiro, em um gesto amplo com os braços.

— É nossa casa, não uma prisão. Você tem que sair um pouco. Faz tanto tempo... E... e... você sabe que não foi culpa sua. Não sabe?

A dor no peito, e Yume teve que sair dali, correu até o banheiro e se trancou. Respirou fundo, uma, duas, três vezes. Escutou passos arrastados até a porta e um longo e sonoro suspiro.

— Hoje tem barzinho com o pessoal da firma. Eu passo aqui para te pegar? – ele perguntou.

— Não.

Outro suspiro profundo.

— Se mudar de ideia, passa um zap, tá?

Yume não respondeu. Sentou no chão do banheiro e agarrou-se a seus joelhos, curvando-se. Escutou os sons familiares de seu marido se trocando, pegando a mochila do laptop e batendo a porta ao sair.

Ela também teria que sair dali. Do apartamento. Um dia. Do apartamento para o mundo. Ela riu, uma risada amarga. Nem conseguia sair do banheiro. Fechou os olhos. A dor cruzou seu peito. Os ouvidos zuniram, depois um som veio, e então imagens. Escutou a freada, longa, depois o baque seco, e os sorvetes, elas seguravam sorvetes, não se lembrava disso, os sorvetes voaram, ela viu o movimento em câmera lenta, seu braço se deslocando para cima, e ela mesma estava no ar, e sua casquinha de morango flutuava, sentia os fios de seus cabelos suspensos pela potente baforada de vento, não, não era o vento, era a rapidez com que girou, depois tudo desabou em menos de um segundo. Caiu no chão, a dor repentina, o zunido voltara, e podia ver ali, ali à sua frente, caída, o rosto virado para o dela, os olhos vidrados, a boca entreaberta, ali estava sua irmã.

Faltava o ar. Yume soltou os joelhos e estendeu as pernas, batendo no lixinho do banheiro, inspirou profundamente, mas seu pulmão não respondia, tentou puxar o ar de novo, arfou, mexeu as pernas, os braços, se impulsionou, como se estivesse tentando rebentar a superfície das águas do mar para conseguir de novo respirar. Ficou de pé e se lançou à porta, abrindo-a de supetão. Lufada de ar em seu rosto, ela quase caiu, se amparou, arqueando os braços nas pernas, rosto para o chão e, enfim, conseguiu respirar.

Sentiu, então, um cheiro, um cheiro diferente, o cheiro de um quarto fechado por muito, muito tempo, aquele tipo de ranço estagnado. E levantou o rosto.

Não estava mais no seu apartamento. Era um ambiente amplo, como uma sala, paredes descuidadas, tufos de samambaias nascendo aqui e ali, parte do teto faltando, sem telhado. O chão parecia um tapete de folhas secas e flores laranjas. Ela teria analisado mais o lugar se não tivesse dado de cara com ele. À sua frente, sentado sobre as patas traseiras, as dianteiras suspensas, estava o coelho branco, olhos vermelhos, cheirando o ar.

Ela escutou um som e se virou de um pulo, e, encostadas na parede do fundo, uma ao lado da outra, estavam as crianças. Yume deu alguns passos, tentando deixar tanto as crianças quanto o coelho em sua visão.

Era isso. Só podia ser. Era o fim da linha. Estava louca.

— Não grite – o coelho falou.

E ela gritou. Um grito breve. Sua garganta doía, ela percebeu que estava cansada de gritar, de ter medo. Percebeu que estava muito cansada.

— Não entendo – Yume disse por fim.

O coelho pulou, se aproximando, mas parou. Uma das crianças fez um sinal para ele, e os dois ficaram se encarando por um tempo, até que o coelho voltou a dizer:

— Blue me disse...A irmã. É isso?

Yume olhou para a criança chamada Blue, a estranheza da situação não era maior que a dor em seu peito. Sua irmã, sim, era sobre sua irmã. Yume concordou, balançando a cabeça.

Outra criança, uma menina, inclinou a cabeça para o lado, e pareceu dizer algo, mas sem mover os lábios. Yume não conseguiu decifrar as palavras.

— Golden disse que você não teve culpa – o coelho afirmou. — Foi um acidente.

Yume caiu sentada.

— Eu queria sorvete. Por que eu tive que pedir sorvete? E a rua, a rua era calma, nunca passava ninguém, mas, do nada, do nada, aquele carro e ela, ela...

— Sentimos muito – o coelho disse.

— Minha irmã. – Yume percebeu lágrimas correndo pelo rosto e caindo em suas pernas.

Quando conseguiu se acalmar, notou que as crianças estavam sentadas e o coelho estava bem próximo.

— Foi um acidente. – Ela escutou as vozes no ar, em coro.

— Mas, eu, foi porque eu...

— Não foi sua culpa. – Escutou de novo o coro de vozes.

Ela fungou e limpou os olhos com as costas das mãos. Sentiu algo fofo em seu colo, era o coelho. Afundou a mão em sua pelugem branca, a carícia percorreu ela mesma, como um arrepio. Folhas secas e flores alaranjadas à sua volta.

— Ela... ela amava árvores... com flores laranjas... me disse o nome... e disse que...

— Estão aqui para te fazer sorrir.

Yume ergueu o rosto e deu de cara com sua irmã, ali agachada, acariciando o coelho, como ela mesma fazia. Mais lágrimas brotaram e sua visão se turvou. Escutou ainda ela dizer:

— Eu sorrio em flores laranjas para você, apenas para você.

As lágrimas escorreram e sua visão estava clara de novo. Suas mãos ainda na pelugem fofa e branca, mas não de um coelho, de sua Pink, sua gata. Estava de volta a seu apartamento, sozinha e sentada no meio da sala.

— Não! Volta, volta! – Ela gritou para as paredes.

Sentiu o ar rarear e aquela sensação de que ia se afogar de novo nas memórias, mas a cortina da varanda se moveu, animada pelo vento, chamando sua atenção. Havia uma fragrância no ar. Empurrou Pink, levantou e foi até a varanda. Ali, no terreno que espiara na noite anterior, não havia nada além de vegetação rasteira e uma mata ao longe. Nada de casa em ruínas, nada de crianças, nada de coelho. Sua vista se levantou e ela viu a árvore, as flores laranjas estáticas. Então, Yume estalou um beijo na mão, lançando-o na direção dela. As flores se moveram, em sincronia, de um lado e depois para o outro. A brisa trouxe um aroma doce e silvestre.

Sentiu o roçar em suas pernas. Pegou a gata no colo e ficou admirando a árvore ainda por um tempo, até perceber que o sol já estava próximo de se pôr. A blue hour, o dia novamente na fronteira da noite. Tudo passou tão rápido. Tão rápido. Em um piscar de olhos, o dia passou. Em um piscar de olhos, a vida inteira de sua irmã.

As cores do poente. Laranjas, azuis, violetas.

Violeta.

A imagem do rosto de uma menina brilhou em sua mente, mas não sumiu dessa vez.

Sua sobrinha se chamava Violeta. Também tinha esquecido dela. "Violeta, que nome estranho. Ela vai ser muito zoada na escola", escutou-se dizendo em sua memória, a conversa que tiveram quando a irmã estava ainda grávida. "E você vai ser a madrinha", a irmã confessou. "Pode deixar! Vou ensinar caratê pra Violeta". Elas riram, riram naquele lugar secreto em que fica o passado, e a irmã lhe disse "Sabe que a madrinha é a segunda mãe, não?".

Ecoou na sua cabeça aquela palavra. "Mãe". Violeta estava agora sem mãe. Tanto tempo, tanto sofrimento e ela se esquecera da sobrinha.

As cores do pôr do sol tingiam a parede oposta à varanda, uma luz morna e suave.

Pegou o celular e ligou para o marido.

— Oi? – ele atendeu.

— Esquece o barzinho.

Uma pausa e ele retomou a conversa:

— Tá. Eu volto pra casa e a gente abre um vinho. Que tal?
— Vamos ver a Violeta.
Mais uma pausa e ele volta:
— Tem certeza?
— Você acha que ela ia gostar se a gente levasse a Pink?
Um riso estranho, meio alegre, meio triste.
— Ia. Ia sim.
— Tá. Vem logo.

Desligaram e Yume correu para preparar uma pequena mala. Jogou ali a câmera, uns livros sobre botânica e cartas de baralho. Ia ensinar Vinte e Um para Violeta. Caso não fosse apropriado jogar cartas com uma criança, ensinar golpes de caratê era sempre uma boa opção. Podia mostrar como tirar fotografias. Fotografias... Lembrou-se da foto do coelho. Pegou a câmera e verificou no visor as imagens registradas. Paisagens, árvores, chão, mata, Pink, Pink, Pink. Ia desistir e desligar quando deu com o que tanto procurava. O zoom não estava perfeito, ela devia ter tremido, e a foto borrou. Era um rastro branco em meio à vegetação rasteira. Podia ser um borrão apenas, uma sujeira na lente, um tufo de pelos de Pink. Ela podia escolher o que era aquilo. E decidiu-se pelo coelho, por todos aqueles disparates que lhe presentearam com o encontro mágico com a irmã. Decidiu escolher o que a deixaria inundada daquele calor dourado que se espalhava de seu peito para o corpo inteiro.

Não tinha certeza de onde Violeta morava, a memória não estava tão boa quanto antes. Ainda meio sombreada, mas já via uns pontos luminosos, estava bem mais clara. E leve. E azul e dourada. Com flores laranja.

LICHIA

Laura me ligou umas cinco da manhã. Não disse nada, apenas chorava. De início, achei que fosse uma daquelas ligações que fingem sequestro. Até preferia que fosse mesmo o lance do falso sequestro do que a Laura reclamando daquele imbecil.

Ela terminou o namoro com o Vicente. Disse que dessa vez era para valer. De novo. Eu só fiquei escutando, quase dormi. Mas ela não deixou, gritou que eu era uma vaca de amiga que não acreditava nela, que eu devia muito a ela aquele favor, que ela não merecia tanto desgosto.

— Favor? – eu bocejei.
— Você não tava ouvindo?
— Não, só a parte da vaca.
— O que ele fez foi horrível.
— Dou uma semana… menos.
— Não volto. Não. Vai lá pra mim. – Ela deu ênfase quase assassina aos nãos.
— Onde?
— No apartamento. Eu não posso. Não quero. Pega minhas coisas. Eu já liguei, ele vai te entregar a caixa. É só entrar e pegar.
— Laura, olha…
— Que é que tem você se atrasar naquele teu emprego de merda pra ajudar uma amiga? Pagar um favor?

— Golpe baixo... Olha, tá muito cedo, prometo que vou depois que...

— Ele tá indo pro aeroporto. Com a ruiva, vizinha dele. Agora. Ele tá indo agora...

— Que merda... Laura, que merda. – Eu suspirei alto.

— Tô falando. Só pega a caixa.

— Laura, caraca, eu não sabia.

Ela ri. Não do tipo de risada que te enche de alegria. Aquele outro tipo.

— Vou buscar. Onde você está? – eu perguntei.

— Na estrada. Indo pra minha mãe. Passo o Natal lá.

— Em Minas? Mas pegar estrada agora é...

— Melhor do que ficar imaginando o Vicente com aquela... aquela...

— Vaca.

— Vaca.

— Se cuida, amiga.

— Obrigada... e feliz Natal. Estamos quites agora.

— Não precisa me lembrar.

Acho que fiquei em silêncio por mais alguns segundos e a Laura desligou. Um favor. Eu pago o favor com muito gosto.

Vesti meu jeans e a camiseta "happy happy day café", saí para a rua. Eu sei que poderia levar essa porcaria de uniforme em uma mochila e trocar no trabalho, mas chegando atrasada não dava. O Isaías ia comer meu fígado de novo. Ia me deixar sem a folga do Natal, certeza.

Cheguei no prédio do Vicente e interfonei. O porteiro me deixou entrar.

— O senhor Vicente deixou uma caixa aqui, sim. Mas é pra moça Laura.

— Eu sou amiga dela.

O porteiro sorri e diz que se lembra, sim, de mim. Ele sorri de novo, mostrando todos os dentes, e diz que então tá tudo bem. Comenta que a moça Laura era muito mais simpática do que a ruiva e, depois, ele pisca para mim.

Eu nem cogito piscar de volta.

Não arrisco ficar perto do porteiro. Ou ele tem um início de conjuntivite ou algo pior. E geralmente, com os homens, é algo pior.

É uma caixa pesada, muito pesada para se carregar por aí na rua. Consigo me arrastar até a esquina.

O favor. A Laura me salvou naquele dia, e olha que ela nem me conhecia. Depois me disse que apenas estava passando por perto, dirigindo, e me viu. E ela não teve dúvida do que fazer. Não sei como aconteceu. Não lembro. Sinto até hoje a faca na barriga, a ponta já afundando em minha carne, a voz rouca sussurrada "nem pense em gritar", e, depois, o baque do carro, pegando em cheio o sujeito que me agarrava, acertando-o antes de me atingir. Nós dois fomos arremessados, mas o corpo do filho duma puta amorteceu o impacto. Ele morreu, eu quebrei a perna. E a Laura me arrastou para dentro do carro e fugiu, ela me contou depois. Me levou pro hospital e, em seguida, para o apartamento dela. Ficamos juntas por um mês, até minha perna sarar.

Em um mês a gente teve muito tempo pra se conhecer.

A Laura gosta do café preto, puro, logo que acorda. Se tiver uma fatia de pão integral, ela passa manteiga e depois coloca no forninho. Senão, ela come uma fruta.

Ela me ensinou a escolher o mamão certo para o desjejum. O papaia tem fama, mas o melhor mesmo é o formosa. E ela cortava uma fatia e me entregava no prato de porcelana branca. Às vezes, ela trazia uvas, nunca lichias.

Dizia que lichias tinham o mesmo gosto de uvas, mas não valiam o esforço.

Eu amo uvas e lichias. Nunca gostei de mamão. Não suporto. Mas eu comi mamão quase todos os dias na casa da Laura.

Ela me ajudava no banho. Foi bem difícil nos primeiros dias, com o gesso, mas depois pegamos o jeito. Nos melhores dias, ela penteava meus cabelos e os arrumava em uma trança. Dizia que meu rosto era lindo, que eu devia me maquiar mais. E, então, ela me maquiava.

Eu sorria, sem dizer que odiava maquiagem, sem revelar que minha perna não doía tanto assim e que provavelmente eu poderia tomar banho sozinha.

No vigésimo dia, ela me beijou. Tinha gosto de pipoca e de vinho branco, tinha sabor do romance de ficção científica que havíamos assistido à noite, tinha o aconchego das cobertas no sofá da sala.

Eu tentava fazer penteados no cabelo dela, apesar de ser difícil, de tão curto. Ela ria de minhas tentativas.

Tirei o gesso no mesmo dia em que ela disse que o Vicente voltava da longa viagem de negócios no exterior. Vicente? Quem é Vicente?

Então ela disse que salvara minha vida. Que eu devia a ela um favor. Que íamos ser amigas para sempre. Nada, nunca, nunca nos afastaria.

Quem é Vicente?

Ela jurou que nunca tinha feito nada parecido na vida. Que éramos, nós duas, boas amigas. O Vicente ia chegar em alguns dias e eu tinha que ir embora. Ela me levava de carro, imagine andar de ônibus.

Quem é Vicente?

Não, ela não tinha fotos dele pela casa. Achava isso brega. Ela pegou minhas mãos e as beijou. Disse que tinha sido tudo lindo. Uma linda experiência. Que íamos ainda rir muito disso ao contar para nossos netos. Bobagem, nunca íamos contar a ninguém.

Garoa. Que porcaria, justo agora tinha que garoar. Só me faltava isso. A caixa vai molhar inteira. Mas, olhe a coincidência, uma quitanda. Me arrasto com a caixa até lá e me salvo do temporal que se abre como uma torneira.

Lichias. Não consigo evitar comprar um saco delas. Vou alugar um carro e ir até Minas. Abriremos a caixa juntas. Comeremos lichias. Eu as descasco para você, Laura. Depois eu faço tranças em seus cabelos. Vai ser mais fácil agora, seus cabelos estão longos.

Que se dane o emprego, que se dane o "happy happy day café".

Lichias são mais doces do que uvas. Mais doces do que papaya ou formosa. Não importa quão difíceis sejam, valem a pena.

A vizinha ruiva amava lichias. Ela me confidenciou em uma das noites. Eu também contei tanta coisa para ela. Sobre o Vicente, sobre a Laura. Principalmente sobre a casa de praia que o Vicente comprara em Angra, sobre a lancha, as salas comerciais, tantos investimentos, e os presentes que ele dava para a Laura, nunca tinha visto diamantes tão grandes, sabia que eles podiam ser rosa?

Devo um favor à ruiva.

Vaso de cristal

Nunca compraria minhas próprias flores.
Pedi que ele trouxesse flores do campo ou algumas margaridas, ao menos.
Soube que Lilian teve flores de açafrão a decorar sua mesa de jantar. Flores de açafrão. Não quero nada em comum com ela. Veja só, ela nem me chamou para o jantar. Uma descortesia sem tamanho. E depois de tudo que meu Enrico a ajudou quando ela enviuvou...
Uma descortesia sem tamanho.
Eu a convidei para meu jantar. Eu a convidei. Fui logo dizendo que será coisa informal, sem flores roxas de açafrão, afetação alguma. Eu sou gente simples. Terei flores do campo ou margaridas.
Enrico está muito atrasado. Muito. Nem se Cristo descesse à Terra, eu compraria minhas próprias flores. Impensável. Foi a única, veja bem, a única coisa que eu pedi a ele.
Já sei, Dulce, já sei. Pega o vaso de cristal veneziano que foi de mamãe. Pegue. Está na cristaleira de meu enxoval. Raríssimo. Finíssimo.
Achou? Procure, procure.
Não imagino como Lilian obteve as flores. Afetada. O açafrão é aquela especiaria, uma das mais caras do mundo. Especiaria, sabe? Ai, Senhor, esqueço sobre

sua singeleza, Dulce. Especiaria é como um tempero. Sal, açúcar. Açafrão. A flor não é tão dispendiosa assim, mas arranjar isso, e aqui, nesses trópicos. Impensável. Deve ter importado. Imagine a dor de cabeça para gerenciar isso.

Ah, não, mamãe é que está certa. Hoje temos de simplificar a vida. Simplificar. Clarice Lispector mesma disse algo sobre isso, que para se ter o simples é preciso muito trabalho. Mulher quer dificultar tudo, já reparou? Simplificar é simplificar. Pelo amor de Deus, essa Clarice...

Achou, Dulce?

Ah, veja o efeito que o vaso deu no centro da mesa!

Muito simples? Dulce, mamãe diz que está muito simples. O que faremos? Para que se benzer, mulher? Dulce, deixe de ser carola. Onde já se viu falar de alma penada? Mamãe está recostada no canapé francês.

Canapé, Dulce. Aquele sofazinho ali.

Ai, maman, o que fazer com essa criadagem? Eu bem que recomendei a Enrico, temos de dar educação a esse povo, ao menos para a criadagem à nossa volta. Os custos, ele sempre diz, os custos, e limpa a testa com o lenço.

Não, maman, não está muito simples. *Démodé*? Por Deus. O que, então, a senhora sugere?

Qual sua opinião, Dulce? Por Deus... é surda além de... perdão. Não, Dulce, não quis ofender, nem mexer com seus nervos. Eu bem sei o que é ter problema nos nervos... O doutor me recomendou repouso absoluto por dois meses, lembra? Eu não aguentava mais olhar o papel de parede do quarto.

Enrico não vem a tempo, maman. É fato. Conheço meu marido. Deve ter se enroscado em algum boteco. Não suporto, mas tenho de relevar esse gosto peculiar dele. Coisa da vida de solteiro. Enrico não perde essa mania de se misturar ao povo. Pensa que é um moço ainda.

Deve ser a crise dos 60. Ah, é, crise existencial dos 30, dos 40, dos 50... a um homem tudo é plausível e justificado.

Rabo de saia, maman? Por isso não a convido, sabe, essa sua mania de achar que tudo é rabo de saia mexe com meus nervos.

Que outras flores?

Dulce, mamãe sugere as artificiais. Sabe onde estão? Não, maman, ne pas de blanc. Podem ser aqueles raminhos de íris. Um tom azul, arroxeado. Sublime! Vite, Dulce, vite! Busque!

Não, maman, não posso me desfazer da Dulce. Onde vou arranjar outra de confiança? Pegou nada. Pegou nada! Dulce não faz isso. Olhe, e Enrico diz que não podemos gastar tanto. A crise, maman.

Desde aquele dia, aquela noite... desde lá, Enrico está estranho... não come direito... Bancarrota, imagine, maman! Não posso admitir que ele fale assim comigo, sim, a senhora está certíssima. Imprescindível um jantar.

Dulce, Dulce, finalmente. Olhe o efeito. Ficou bom, maman? Très bien.

Imagine que isso é hora para chegar, Enrico! E onde estão as flores? Viu, maman, eu não disse? Sabia que ele ia esquecer.

Ai, Dulce, não me venha com chiliques de novo! Pare já de se benzer e dizer tolices. Vai já para a cozinha, as perdizes não vão se cozinhar sozinhas. Meus nervos, Enrico! Onde já se viu a criadagem ter nervos mais delicados que os meus?

Com esse inferno de calor, melhor mesmo as flores de plástico. Repara como ficaram primaveris as íris no vaso de cristal. Calor infernal! Mil vezes as de plástico. Ninguém aguenta aquele cheiro de morte que as vivas exalam.

ONDAS

Essas são as coisas que ela não disse.

Sabia ser aquele o lugar da felicidade, mesmo que maculada, e que ela não o encontraria em parte alguma neste mundo ou em outro, nem ontem, nem hoje, nem amanhã.

Sabia disso e de outras coisas mais, pois não era assim tão jovem, e de tantas outras menos, pois não era assim tão velha. Apesar disso, do que lhe era de mais e do que era de menos, sem mala e sem lágrima alguma, não se foi.

Esta é a história. Não vale a pena contar detalhes. Detalhes podem ser cortados, pois não fazem falta na trama. Detalhes não podem ver a luz do dia, são meus e eu os enterrei no quintal. Mas eles teimam em germinar à luz da lua. As coisas sempre acham um jeito de ser à revelia de nossa vontade porque é assim que elas são.

Hoje não venta e não chove. O tempo seca, meu nariz descama por dentro e por dentro me sinto inflamar. Penso em tomar antibióticos, mas isso arruinaria a homeopatia que não me serve de nada. Me falaram do efeito placebo então procuro me agarrar a ele. Imagine o milagre de a farinha curar o incurável. Passaríamos farinha no couro cabeludo para deter a queda. Injetaríamos farinha para curar a leucemia. Deitaríamos na farinha para cessar essa dor infernal nas costas, que não me deixa dormir, nem acordar, nem sorrir além do restrito espaço de minha arcada dentária. Estou cansada, tão cansada, e nem saí da cama. Demoro a levantar, mais e mais a cada manhã.

O sol se espreme pelos vãos da janela fechada e digladia-se com as sombras, vultos se desenham no teto do quarto. Quanto há entre o anoitecer e o despertar? Quem sabe a resposta faz promessas para esquecer. Não é tão difícil esquecer. Note, esquecemos a época de colégio, das meninas bonitas de cabelos soltos e volumosos que corriam no pátio, tão alheias à força de suas pernas, alheias ainda aos meninos mais velhos que as observavam. Correm como o vento, selvagens como lobas, não perdem tempo olhando para os lados.

Aperto meus olhos para sonhar mais um pouco.

A menina morena atravessa o bosque primaveril e senta próxima às margens do lago, um rapaz se aproxima, ele traz uma flor, mas, quando chama a menina, e leva apenas alguns segundos para ela lhe atender, tempo suficiente para ela marcar com a fita rosa a página do livro de sua leitura suspensa, o vento sopra e a flor escapa, voa para além do espaço possível entre suas pernas e as águas do lago, e ele gagueja e ela conclui que ele é estúpido, as palavras na boca do rapaz enroscam, ele passa as mãos pelos cabelos curtos e loiros e ela retoma a leitura, volta às palavras impressas que nunca lhe trarão gêmeos de olhos azuis.

O vento me chama. Começa a ventar para além da janela fechada de meu quarto. Precisamos de chuva e não de divagações. Alguém escuta música na cozinha. O aroma de café sobe as escadas acompanhado de uma animada canção de Lulu Santos sobre a humanidade. Amanhece por completo. Logo virá o pão torrado com manteiga e as maritacas gritarão no forro. Logo. Fecho os olhos.

O lago continua a brilhar, a flor pousada nas águas boia por alguns segundos antes que o peixe gordo a engula, e eu poderia dizer que um homem de certa idade, calvo, que ria em estrondo e chorava com facilidade, que adorava pescar em seu escasso tempo livre, foi ao lago naquela manhã de Páscoa e pescou o peixe que tinha engolido a flor, e, ao voltar para casa, decidiu cozinhar o peixe seguindo uma nova receita e o colocou inteiro no forno, sem retirar as vísceras e a bexiga natatória, mas, ao servir o peixe, de aroma salgado e barrento, o pescador deixou a porção com a flor no prato da garota, sua filha mais velha, que muito contra sua vontade se sentou à mesa, adiando a leitura daquela aventura da princesa e do foragido, marcada pela fita rosa, e fincou o garfo com inesperado apetite e levou o naco à boca, e, ao sentir os espinhos e algo viscoso, cuspiu no prato peixe e pétalas amarelas, tão iguais aos cabelos do menino gago que lhe ofereceu aborrecimento, e ali naquele prato regurgitado ela entendeu, e decidiu sair dali e correr até encontrar o garoto parado na colina que levava ao lago, a meio caminho de sua própria casa e lugar algum, e se lançou em seu peito e o beijou, tendo depois com ele gêmeos de olhos azuis.

Isso eu poderia, sim, dizer. E quem sabe até o faça de maneira original, sem adjetivos e advérbios que, sabemos, sobram supérfluos.

Minhas costas doem e apesar disso me levanto. O aroma de café me nauseia, então não paro na cozinha. Sigo direto para limpar a frente da casa. Alguém canta, desafina Não mais, nunca mais, ieee. A voz me parece um gorjeio estrangeiro, não como o de uma pessoa de outra nacionalidade, mas sim de outra espécie. Vem, tome seu café, eu escuto mas não respondo.

Alguém morreu aqui.

Quanto tempo eu levaria para parar de limpar a casa com água sanitária, esfregar o chão com álcool, aspirar qualquer pó, lavar a roupa de cama com sabão e alvejante, até perceber que o cheiro apenas se iria quando tudo se fosse? E o cheiro se foi.

O nada sobre a cama arrumada é de fragrância floral, o chão ainda se ressente do álcool e nenhum pó resiste sobre lugar algum.

Meus vizinhos me espreitam, medem o quanto eu gasto de água para lavar a frente de casa, me veem de pijama e devem comentar que eu não me arrumo mais. E eu não falo a eles que estou nua debaixo dos pijamas. Nua. E ontem à noite, quando eles se deitaram, depois que todos dormiram, eu tirei as roupas e saí para o quintal. Minha cadela e eu rodopiamos na escuridão não tão densa da lua crescente. Imaginando-me uma bruxa com poderes sobrenaturais, balancei os braços comandando o voo das nuvens noturnas e as dispersei quando enjoei delas. Fiz pedidos tolos às estrelas primeiras que vi e ri alto ao me lembrar que a cachorra cheirou meu traseiro, e dancei para a lua, a lua alta que foi cheia para o carteiro era uma metáfora que conquistou a mais bela da vila.

Metáforas são menos úteis do que óculos escuros e apenas um de meus amigos chorou quando Raul Seixas morreu. Por que tanta tristeza, eu perguntei, mas não era tanta assim. Era apenas um garoto pequeno, vestido de preto e óculos escuros, com sua dor silenciosa em meio a tantas crianças barulhentas no pátio na hora do recreio. Ele destoava em sua falta de alegria e de uniforme escolar, falta esta que seria repreendida pela escola não fosse mais urgente o esforço com que o ignoravam.

O luto me incomodou tanto, tanto quanto metáforas.

A humanidade caminha sem vontade e se imuniza contra vírus e metáforas, ambos inúteis naquela manhã em que soubemos que Raul Seixas morrera. Então por que vacino meus filhos todos os anos, e ainda os levo à escola? Persistimos sem consistência em parte alguma.

Mesmo agora insisto em dar conselhos a meus filhos, que mantenham o quintal limpo, que tenham cachorros e gatos, que dancem ao luar e que sigam adiante. Espero que a luz seja metáfora para todo o sempre, mesmo depois de a água acabar, e que a cura do câncer seja encontrada, e que as moças se casem com os que se dispõem a entregar cartas que não escreveram. E que insistam, insistam, insistam, pois seguir adiante não pressupõe conhecimento geológico das pedras no caminho mas, sim, usar as pernas.

A cachorra late e percebo que a torneira ainda está aberta e a água jorra livre no piso. O sol que sobe na manhã me cega com o reflexo no chão. Ali também tem uma história. Em cada canto há vida. No cachorro, na água que escorre.

Alguém morreu aqui.

Meu pai teve três filhas. Queria ter um filho. Ele se chamaria Daniel e seria sua companhia preciosa nas pescarias de fim de semana.

Daniel. Ele mora lá na terra dos que nunca existiram. Em uma manhã de Páscoa, as filhas foram ao mercado com a mãe e deixaram o pai em casa sozinho com Daniel, e ele decidiu, então, pescar com o filho, um bom menino, forte como um touro, não muito esperto, tampouco o pai, que insistia em usar frases importadas de filmes de faroeste.

É uma boa história, com detalhes sobre pesca e iscas. Sobre transgressão talvez, porque transgredir é ir além e transpor, e também sobre marginalidade, pois é relativo a margens e leito e seriam metáforas adequadas. Note que me importo com a escolha vocabular pois sei que ela sugere o clima da história. Também crio imagens visuais sobre estações do ano e como a luz dourada do fim de tarde bate nas águas, dando a sensação de que há ondas no lago e que elas chamam meu pai, feito sereias de água doce.

    Escreverei essa história, então, sem pescador, sem pai e filhas, sem palavras, sem motivos, sem ondas no lago. Pois é um absurdo macular nosso papel com disparates. A linha tênue da vida não suporta ondas.

Sombra

As crianças fazem alguma coisa interessante, um jogo talvez, sentadas, no chão, e eu as observo e, enquanto eu as observo, a sombra está ali, no canto de meu olho.

Quando eu a entrevia, de soslaio, ela estava ali, na cadeira baixa e estofada, de madeira, com estampa de um barqueiro em Veneza, em que se vê o barqueiro, o barco, mas não a água. Aquela estampa me incomoda desde criança, nunca soube o motivo.

Há poucos meses passei a ver a sombra de alguém sentado ali, ou na quina de uma parede mais longe, no escuro. Um homem, parece um homem, eu sinto isso de forma bem distinta agora, hoje, neste segundo em que vigio as crianças brincando no chão, na véspera de Natal.

Está ali, sentado naquela cadeira que não ouso olhar de frente.

As crianças riem e eu bato em meus joelhos, fingindo entusiasmo pela vitória de uma delas, enquanto ainda me concentro no vulto sentado na cadeira baixa de madeira, quase atrás de mim.

Minha mãe entra com uma bandeja de aperitivos, passa ao lado da cadeira baixa, daquela cadeira, e percebo que ela faz um ângulo estranho, desviando mais do que o usual para entrar na sala. Eu me levanto do sofá e me viro para ela. O vulto some. Olho para minha mãe e ela me encara de volta.

Você sabe. Eu constato, sem palavras.

Eu sei. Ela responde sem palavras nem gestos e diz Quem vai querer pastelzinho?

As crianças atacam a bandeja.

Bandeja vazia, ela se vai e eu corro atrás dela.

Há quanto tempo? Ela me sussurra, e eu sei que ela não me pergunta sobre a hora da ceia ou se eu pretendo ficar por muito mais ali além das duas semanas, duas semanas em que estava ocupando meu antigo quarto de infância, que agora era para visitas, sei que ela não perguntava quanto tempo eu iria ficar dessa vez, ou como eu havia perdido meu trabalho de novo, e sei que ela não se importa com o fato de eu não ser casada, nem não ter lhe dado netos, não agora, não neste exato segundo.

Que bosta é essa, porr... Eu explodo. As palavras saem de minha boca como a água que arrebenta uma represa. E minha mãe me interrompe com a naturalidade de uma diplomata.

Olha a louça!, que loucura, nem chegamos à ceia e a pia está desse jeito!

Minha mãe ri e me entrega um copo de água, eu bebo, sentindo o líquido descer pela garganta como se engolisse pregos enquanto o vulto se desloca calmamente até um canto. Aquilo, o vulto, nos seguiu.

Entendo.

Não posso falar *disso* na frente *disso*.

Minha mãe sai pela porta da cozinha e vai para o quintal. Ela apressa o passo. Escuto um pio de coruja mas não tenho tempo para procurar pelo bicho. Sigo até chegarmos debaixo da figueira, a velha árvore plantada quando a nonna era criança. Nossa figueira mágica. Toda figueira é mágica, é um fato.

Aqui, minha mãe diz e completa, Aqui podemos falar.

Olho para os lados e não vejo a sombra.

Minha mãe me pega pelo braço e sentamos na mureta que cercava a figueira. Antes de se sentar, ela bate com a mão no cimento para não sujar o novo vestido vermelho e brilhante. Ela também abana um lugar para mim, para meu vestido verde.

Há quanto tempo você enxerga *isso*? Eu pergunto.

Desde os 40.

Ela responde. Engulo em seco. Fiz 40 neste ano. Há dois meses.

O que é isso? Eu pergunto.

Com o tempo você se acostuma. Vai enxergando um pouco melhor.

Eu faço uma careta. Não suporto a ideia de enxergar aquilo com clareza.

E o que é aquilo? Eu insisto.

A gente não quer saber.

A gente?

As mulheres da nossa família, todas nós vemos.

Eu cubro a boca com a mão. Não sabia. Não tinha ideia. Por que ninguém me avisou? Daí lembrei da tia Elô e suas visitas à clínica de desintoxicação, seguida das internações psiquiátricas. Mas em toda família tem esses casos... Como eu poderia desconfiar?

Encarei minha mãe e ela sorria. Ela estava prestes a me dizer algo estúpido sobre a hora da ceia, ou que deveríamos checar o peru.

Mãe, não tem como eu ficar vendo aquilo me espreitando sem saber o que é. Como você faz isso? Como pode? Você já tentou algo? Já?

Minha voz está esganiçada.
Sua tia Elô tentou e você sabe no que deu.
Mas...? E antes dela?
Apenas ignore. É tão difícil assim? Não fique encarando, não pergunte, não fale e viva sua vida. Você tem a vida inteira pela frente, para que estragar desse jeito?
Mãe. É uma sombra. Uma coisa. Um vulto. E me segue por todo lado. Estava esperando para te perguntar. Esperando para ter certeza.
Certeza?
De que não estou louca.
Lógico que não! Minha mãe dá dois tapinhas na minha mão como se fosse a coisa mais absurda do mundo eu pensar que estou ficando louca e não o fato de existir, realmente existir, aquela coisa, aquela sombra. Olha, filha, é difícil no começo. Eu me lembro das primeiras vezes que eu percebi aquilo, foi tão doído, doído ficar quieta, mas bastou a nonna e eu conversarmos, aqui mesmo, debaixo da nossa figueira, e tudo ficou bem.
Bem? Mãe, bem?
Respira. Você sempre foi dramática. Mas vai ver, você vai superar isso e um dia vai ser você quem estará aqui tendo essa conversa com sua filha.
Suspirei fundo. Incrível como minha mãe consegue me cobrar até em um momento insano como esse.
Mãe. Não tem a mínima possibilidade de eu viver minha vida inteira sem saber o que é aquela coisa.
Tem sim. Eu vivo. Você sempre foi teimosa. Custa me escutar só dessa vez?
Só dessa vez? Você quer que eu faça tudo do jeitinho que você quer!
Filha... Ela diz apenas isso e olha para cima, naquela pose tão ensaiada pela vida inteira, e já sei o que ela vai

falar. Filha, por que tem que ser difícil? A Brigite casou com o Guilherme. Você namorou um mês e o dispensou.

Ele era um machista filho duma...

Ela está grávida. Grávida. E olha que ela tem cinco anos a mais que você. Não é tarde demais. Pra casar e ter filhos. É tão difícil assim dar seu braço a torcer uma vez na vida?

Como assim? Você acha que a culpa é...

Ah, não. A culpa é sempre dos outros, né, filha? Sempre.

Mãe.

Antes do Guilherme, quem foi?

Mãe.

Joaquim. Joaquim, o padeiro.

Mãe.

Não era bom o bastante para você? Um padeiro?

Chega! Eu não sou obrigada a casar, entende?

E do jeito que você está, logo isso nem vai ser mais uma opção. O tempo está...

Levanto. Viro-me e finjo não escutar o "acabando". "O tempo está acabando" é a chave de ouro de nossas conversas. Saio dali.

Entro em casa, bufando.

A tia Clara, irmã mais velha da mãe, revira os olhos ao ver minha cara fechada.

Eu já sou a lenda viva na família. Eu sou aquela, aquela que...

Não vale! O pestinha do Afonso grita e vira o tabuleiro na cara do primo.

Tias, primas, avós correm para separar a briga e apontar culpados.

Eu sigo para a varanda.

A árvore do outro lado da rua foi cortada. Uma paineira centenária. A nova dona da casa achou que a água da piscina ficava muito gelada debaixo daquela sombra imensa.

A árvore acabou.

Seu tempo acabou.

Sopra uma brisa. Uma brisa fresca em dezembro.

Eu tremo e sei que não é brisa nenhuma. É aquilo.

Ele se esgueira para meu lado, no canto mais escuro da varanda. A sombra e eu no canto mais escuro. Vejo de soslaio.

Tenho raiva e tenho raiva de chorar por raiva. Meus olhos enchem de lágrimas que eu não deixo cair.

O vulto se recosta em mim.

Eu viro o rosto para sua direção e ele some. Viro rapidamente meu rosto para frente e sinto de novo sua presença. Ele se aproxima.

Minha tia aparece na varanda e me dá uma bronca Precisava ter discutido com sua mãe? Na noite de Natal?

Uma prima se junta para iniciar o coro da multidão em fúria Você não tem coração!

Ela pediu. Ela me provocou! Vocês sabem como a mãe é! Eu digo.

Uma de minhas primas me pega pelo braço, vamos todas para dentro de casa, e, mesmo com o calor de dezembro, alguém fecha a porta da varanda. Sei que aquilo, a sombra, ficou do lado de fora. Sinto o braço de minha prima no meu, e ela treme. Minhas tias continuam a me dar bronca, mas seus olhos buscam os cantos escuros. As mulheres me conduzem para a sala onde minha mãe espera. Ela me abraça e diz É véspera de Natal, a gente não pode deixar isso tudo para depois?

Eu balanço a cabeça, concordo.

E por dentro eu desconfio que amanhã iremos aguentar mais um dia, mais outro e outro, dias de desconfiança e medo, dias de aturar e sobreviver à sombra que nos segue.

O tempo está acabando. Escuto o eco da voz de minha mãe em minha cabeça e tremo.

Inspiro.

Não tenho medo.

Expiro.

E sorrio para as mulheres.

Eu preciso ir

Eu preciso ir ao mercado, comprar alface, tomate, cebola e alho.
A casa desarrumada, de pernas para o ar, terá que esperar. Eu tenho de ir ao mercado e vou já.
Agora mesmo é melhor que depois.
A casa não cessa de exigir que cada coisa esteja no seu lugar, perfeito e limpo, arejado, mas, ainda assim, por vezes embolorado.
A casa grita, janelas rangem. À mostra, camas com colchas ao chão, travesseiros em um canto, lençóis por lavar.
O mercado é perto, faz sol, e eu lembro que gosto muito de caminhar.
Coloco os meus sapatos e um vestido leve. Preciso ir ao mercado e vou a pé.
A porta se arrasta, madeira dilata, emperra, dobradiças reclamam. Eu puxo, empurro, bato a porta e saio. A casa urra, berra, geme, mas o eco que reverbera não me alcança. Eu tenho de ir ao mercado e tem que ser agora.
O sol se levanta, esquálido.
A calçada se estreita, quase afunila, difícil andar, tropeço, quase caio. Me apoio numa parede e ralo a palma de minha mão. Uma fina dor acorda em minha cabeça

uma maldade transvestida de conselho, que me provoca perguntando se já não seria hora de voltar.

Não, digo a mim, tenho que ir ao mercado, tenho de ir já.

Ando mais devagar. Tornozelo dá sinais de que vai depois inchar. Não posso perder tempo com isso, tenho que ir, continuar.

A rua perde a calçada. O medo em mim estala. Cuidado, cuidado. Mal penso isso e um carro avança, me atiro contra o muro de uma casa, e ele passa fumegando, rosnando. Apresso o passo, meus joelhos doem. Venço a rua estreita e subo na calçada da próxima via.

Vejo três senhoras. Ao se aproximarem, elas me rodeiam, me obrigando a brecar, Aonde vai, mulher, elas me pedem em coro, Fique aqui conosco, dance. E as senhoras requebram o corpo em ângulos improváveis, seus cabelos escapam dos grampos de seus coques e desgrenham-se, escuto suas risadas, são guturais.

Não posso perder tempo, senhoras.

Elas riem e dizem Não tenha medo.

Não tenho medo. Tenho é que ir ao mercado.

Elas não me seguem, mas sinto um arrepio gelado nas costas, como se estivessem me observando. E eu viro na esquina.

O vento me pega desprevenida, sopra ruidoso. Inflama meu vestido e me obriga a fechar os olhos. Vendaval no meio da rua levanta poeira do meio-fio. Seu rodopio, em espiral esfumaçada no ar, quer me hipnotizar.

Resisto ao espetáculo. Tenho que ir ao mercado, e tenho de ir já.

Dobro a próxima esquerda, ando mais devagar. Não há nem carros animalescos, nem senhoras dançantes, nem vento rodopiante.

Ali, no fim da rua, está o mercado. Abóboras empilhadas na porta. Não seria de todo mal as ferventar em açúcar e cravo.

Não tenho tempo para doces. Tenho uma casa para cuidar. E ela é desarranjada, sempre há o que esfregar, lavar, estender, limpar.

Passo ante passo, cumpro a distância até o mercado.

Sem que eu esbarre, uma abóbora rola de sua pilha. Eu a contenho antes que ela escape, seguro em meus braços. Uma abóbora grande, o cabo ainda verde, alguns ramos enroscados, uma folha brilhante. Uma única folha brilhante. Logo também essa folha vai se desprender, perder o fio da vida, murchar e secar.

A senhora vai levar a abóbora? Fazer doce? Podemos cortar, enfiar a afiada faca de casca a casca, arrancar as sementes, raspar o oco, fatiar inteira em cubos pequenos, minúsculos.

A abóbora em meus braços estremece.

Estremece.

Senhora?, me chamam, me acham, me clamam.

Chuto longe meus sapatos.

Com a abóbora em meus braços, rua afora, corro, corro, só corro.

Esperança

Estou no limite entre o Tenho-que-ir e o Sempre-te-amei. Não é um lugar fácil para estar.
Há ventos cortantes, gélidos. E o mínimo movimento dos pés pode me desequilibrar e atirar no precipício.
Não tenho muito tempo para me decidir.
Ele está na minha frente. A xícara de café dele está vazia. A minha, intocada, está fria, intragável além do ponto em que poderia fingir beber para ganhar mais uns cinco minutos.
Sei que nosso encontro ali não foi casual. Eu não planejei nada, tampouco ele. Nossa história foi há muito deixada em suspenso. Não nos falamos faz muito tempo. Naquela época, dissemos coisas que não devíamos, lembramos de todos os nossos defeitos de uma só vez, ele foi para outra cidade, eu fiquei para trás. Mas nenhum de nós realmente seguiu adiante. E hoje, esse encontro inesperado.
Os lábios dele parecem querer se mover. Sei que ele dirá Então. Quando não sabe o que falar, ele costuma dizer Então.
Mas eu sei o que posso dizer. Vejo o desenrolar dos fatos se desenhando à minha frente assim que pronuncio as palavras. Assim que digo que o amo, pontos se aproximam, aglutinam-se em linhas, formam-se paralelas, de-

pois concêntricas, fundem-se, criam-se laços e correntes unindo nossa história em um único filme, cena a cena.

    Ele começaria pelo Então, e eu o interromperia com Sempre te amei. Ele ia sorrir, ajeitar os óculos. Suas mãos, em busca de minhas mãos, se chocariam contra minha xícara ainda cheia e nós íamos rir. Seria o bastante para os olhos dele se encherem de lágrimas. Ele sempre foi emotivo, chorou até no filme *Rei Leão*, mas ele não gosta que eu conte isso a ninguém, é nosso segredo.

    Os próximos passos nos levariam a enfim morarmos juntos. Eu iria sugerir uma praia qualquer. Amo o aroma salgado do ar. Sei que ele também gosta. Não sei muito bem no que poderíamos trabalhar, mas vamos pensar em alguma coisa. Eu poderia cozinhar para fora. Ele sempre foi bom com cálculos, todo mundo precisa fazer imposto de renda, né? Enfim, a gente se vira, a gente daria um jeito.

— Seu café?

Ele questiona e eu acordo de meu devaneio.

Não sei mais o que dizer. Meu futuro inteiro dependia de ele falar Então. Tão certo. Os fatos tão bem traçados um depois do outro. Ele mudou. Não tinha percebido. Vejo o quanto ele mudou. As olheiras. Ao redor das íris, um círculo sem cor alguma, tingindo de nada o verde brilhante que um dia foi de seus olhos. Os cabelos, antes cheios, estão escassos, acinzentados. Suas mãos, fortes e orgulhosas, movem-se com cuidado, como um menino que não quer espantar uma borboleta.

    Observo minhas mãos. Também elas estão mais finas do que foram. Pequenas manchas se veem aqui e ali. Mexo em meus cabelos para os prender atrás da orelha, em um gesto antigo, que ele deve ainda saber ser sinal de meu nervosismo. Estão mais curtos os fios, também menos coloridos. Como ele me chamava mesmo? Ah, meu canarinho. Eu pintava os cabelos a cada estação de uma cor diferente. Adorava os tons vermelhos. Desisti disso há tanto tempo. Há tanto tempo.

Inspiro, expiro. E me sinto totalmente fora do mundo. Como se nada nunca mais fosse fazer sentido algum para mim. A magia foi rompida, como um elo de uma longa corrente que unia o que antes era brilhante. A esperança, se existiu, acabou lá no passado, quando éramos jovens e tínhamos planos mirabolantes de fugirmos em nosso fusca azul para uma praia distante e deserta. Nem devem mais existir praias desertas neste mundo. Este não é mais meu mundo. Não é.

Eu me levanto.

Tenho que ir.

Sempre te amei.

Se tivesse que escolher, não sei mais o que seria. Embora meu coração pule descompassado, eu me levanto e me afasto. Sinto que na impossibilidade de escolher entre um daqueles lugares, eu levo os dois dentro de mim. Pergunto-me quando o destino irá marcar outro encontro entre nós dois. Pergunto-me se ele estará mais mudado ainda quando eu o encontrar de novo. Pergunto-me se...

— Espere.

Ele diz apenas isso, um Espere com confiança, uma esperança, e eu me viro.

Dou de encontro com o sorriso aberto. Ele ajeita os óculos e olha para baixo tímido por ter quase gritado. Algumas coisas não envelhecem.

E lá estão diante de mim, diante dele, o desenrolar infinito de novas possibilidades.

Coisas frágeis

Na sala, farfalhar das folhas do jornal.
Aqui, na cozinha, tum tum tum cadenciado da faca contra a tábua de madeira.
Minha mãe dizia que madeira era pouco apropriada para a cozinha. Uma tábua devia ser de vidro. Nada deveria ser de vidro, eu costumava responder a ela.
Eu fatio alhos. Já estou com um palito entre os dentes, mordendo-o menos furiosamente do que há pouco. Pedaços de alho acumulam-se no canto direito da tábua e o volume me atrapalha. A faca se arrasta, desprendendo partículas de madeira e germes ao amontoar o alho para o mais extremo canto.
O homem na sala vira mais uma folha do jornal.
Eu posso vê-lo. Apartamento pequeno. Cozinha americana. Nunca te alertam sobre a verdade. O apartamento inteiro cheira a tudo o que se cozinha. Por mais janelas que tenha, não há como conter o vapor. Não há como impedir.
Isso, contudo, deixou de me incomodar há anos. Assim como o homem ali na sala deixou de me incomodar há minutos.
Ele não estava ali quando eu fui para a cama na noite anterior. Nem no dia que antecedeu a noite, nem mesmo na década que antecedeu o dia. Ele, simples e ordinaria-

mente, apareceu ali enquanto, nesta manhã de sábado, eu decidi que já era hora de fazer o tempero de alho e cebola. O que era lógico, pois o anterior tinha acabado.

Esmago o dente de alho pressionando contra ele a lateral da faca. Daí eu o fatio com precisão cirúrgica. Admiro o montinho de alhos cortados e tenho a sensação de orgulho típica das tarefas bem cumpridas. Lanço-os no pote de plástico e depois os cubro com óleo de girassol.

Ele lê o jornal e ri. Aquele homem. O homem que se materializou ali em um piscar de olhos. Ele estende os pés sobre a mesa de centro. Não sei o que me irrita mais, se são os tênis sujos de terra ou se o fato de eu não ter notado que também apareceu do nada uma mesa de centro. Pedacinhos de barro seco caem no tapete persa.

O homem ri.

Eu o ignoro. Já passamos da fase de acusações, dos gritos histéricos. Quem é você, o que faz aqui, vou chamar a polícia. Isso tudo é passado. Agora ele apenas lê o jornal e eu manejo a faca.

Apanho as cebolas e as limpo, separo a casca para depois levá-las para a horta do Sr. João, nosso porteiro. *Meu* porteiro. Meu.

O barulho do farfalhar de mais uma folha e eu reinicio o cadenciar da faca contra a tábua de madeira. A faca se enterra no corpo da cebola, separando camadas quase invisíveis. Sua súbita resistência à lâmina é sinal de que é mais ardida do que o usual. Eu mordo com mais fervor a ponta do palito entre meus dentes. Se não fizer isso, seus olhos vão arder, minha mãe dizia.

Ele lê e ri.
Ri.
De novo.
E.

De novo.
E.
De novo.
— Qual é a graça? – O palito cai de minha boca e sinto um leve ardor nos olhos.
— Engraçado. Escuta isso. Solteirona de meia-idade processa condomínio. Ela diz que os vizinhos são alienígenas. Não vai adivinhar... O processo é porque eles fazem muito barulho. Muito barulho, acredita?
— Não é engraçado – eu digo.
Ele engasga de tanto rir. Eu não ofereço nem um copo de água. Tenho medo de buscar o copo e descobrir que novas coisas surgiram, como o quadro da *Noite estrelada* na parede da sala, ou o castiçal de metal com velas aromáticas, ou o vaso com uma canção-da-índia de um metro e meio. Eu sempre quis uma canção-da-índia.
Na sala, o homem retoma o fôlego e a leitura.
Na cozinha, eu fatio cebolas.
Uma.
Duas.
Três.
Pedaços minúsculos. Inclino a tábua e os raspo com a faca para o pote. O bloco faz um barulho redondo ao cair no óleo, submergindo como uma placa única. Giro a colher para misturá-lo e noto, com satisfação, o conteúdo se mover devagar e fluidamente. Ao levantar os olhos, dou com ele, aquele homem, me fitando.
— Não é engraçado – ele diz. Não sei se ele apenas me repete ou se insinua algo. O tom de voz. Não parece nem uma afirmação, nem uma pergunta. Nem certeza, nem dúvida.

— Não. – Confusa, pisco várias vezes, como se isso estimulasse meu cérebro a processar o que eu não consigo de forma alguma entender.

— Ah, isso me lembra. Ligaram do veterinário. Perguntaram o que fazer depois da injeção letal, se cremação ou sepultamento. O que você prefere?

— Não.

— Não?

Não. Não é possível. Nunca tive um animal de estimação, nem cães, nem gatos, nem porquinhos-da-índia, nem ácaro, nem nada.

Não é engraçado. Nada daquilo.

Óleo. Ainda precisa de um pouco de óleo. Giro mais uma vez a colher. A cebola e o alho rodopiam no líquido espesso. Eu não posso diferenciá-los assim tão diminutos, quem é alho, quem é cebola, eu não sei. Tampouco eles, dali de dentro, sabem de mim, indiferentes a mim, eles em seu giro centrípeto; eu, imóvel, sem sair do mesmo lugar, sem ir a nenhum lugar.

O pote de tempero está pronto.

Limpo a superfície com um pano e o levo à geladeira. Daria para mais de um mês. Se fosse como o anterior, duraria seis meses. Seis meses. Eu o uso tão pouco. Quase nada. O tempero iria durar para sempre. Para sempre.

— Para sempre – eu digo em voz alta, sem perceber.

— O quê? – Ele dobra o jornal e se levanta.

É mais alto que eu. Eu sempre fui alta. Não sei se sou mais alta que minha mãe, ou minhas irmãs, ou minhas tias. Não sei. Não lembro. Faz tanto tempo. Todos chegamos a uma idade em que a vida nos torna órfãos. Às vezes mais cedo, às vezes mais tarde. Uma das poucas coisas de que me lembro é de minha mãe na cozinha de nossa antiga casa, no sítio da bisa Delaide. Na cozinha iluminada pelo tom amarelo radiante do nascer do sol, ela cortava o alho em pedacinhos e depois fazia o mesmo com a cebola. "Coloque um palito entre os dentes e aperte. Isso. Assim, os olhos não ardem." E os pedacinhos todos boiavam no vidro de óleo. Não durava quase nada. Nem mesmo um mês. Tanta gente morava naquela casa. Uma família tão grande.

Se isso é importante ou não, eu não sei. E, apesar de não saber, o homem ainda está ali e é mais alto que eu. Ele se espreguiça, e a barra da camiseta sobe centímetros, mostrando o umbigo. Repara que eu o observo. Não consigo evitar pensar que há algo de muito ridículo, e meus olhos devem ter mostrado isso, pois ele se apressa para puxar a camisa para baixo, envergonhado. Seu jornal cai sobre a mesa de centro, atirando ao chão o elefante de cristal que não existia até ontem, espatifando-o.

— Olha só o que eu fiz... – ele resmunga.

— Ridículo...

— ...essas coisas são tão frágeis... O quê?

Com passos largos, eu o alcanço e pulo sobre ele. Meus braços enlaçam seu pescoço. Na ponta dos pés me equilibro até relaxar ao sentir que suas mãos me amparam. Abro os lábios para os dele, ele abre os lábios para mim. Sabor de menta. Me afasto milímetros e suspiro, pousando a cabeça em seu peito.

Com a mão, bato de leve em sua cabeça, e ele solta um "ai". Descubro que gosto, sim, de seu sorriso.

— Sempre um desastrado – eu digo.

— É?

— A Nina está cansada de ficar presa neste cubículo. Vamos dar uma volta.

— Nina? Ah, a cachorra. Não está no veterinário?

— Deixe de bobagem.

Bobagem. Nada daquilo existia ontem. Mesa de centro, canção-da-índia, homem, cadela. Tanta coisa não existia ontem. Como o alho e a cebola no óleo de girassol. Uma vez perguntei a minha mãe o motivo de ela usar o óleo de girassol, por que não o de soja ou calêndula? Achei a resposta uma grande bobagem, mas agora ela me ilumina. Ela disse que gostava de imaginar as pétalas amarelas, daquilo de girar sob o sol, e porque nada enchia mais os olhos do que um campo de girassóis.

Vou até a porta. Ali nos ganchos de parede, entre chaves, está uma guia de couro, gasta pelo uso que os anos futuros lhe causarão.

Apanho-a e o tilintar do metal da corrente faz meu coração saltar uma batida. Eu gosto da cor e da sensação de a pressionar em minha mão.

Antes de escutar o som das patinhas contra o piso, antes do latido, antes mesmo de ver o homem correr para se juntar a mim, eu sorrio.

Vem

Os dias se repetem.

Levanto-me com a angústia a comer meu peito. As horas da manhã se alongam e o sol faz evaporar meus mais ferozes pressentimentos, de forma que às duas da tarde concluo ser uma parvoíce sem tamanho a simples ideia de eu me aterrorizar. Mas, às seis, a sensação ressurge, meu coração descompassa à medida que as sombras se alongam. Às nove, estou imersa em névoa de dúvidas. E, na madrugada, em meu sangue, espinhos esbarram no eco da voz que sempre escuto ao me deitar: amanhã a morte virá lhe buscar.

Levanto, hoje, com essa mesma impressão e sei que passará com a mornidão das horas, mas desisto de esperar pela calmaria.

A casa está vazia. Hoje a casa está vazia como um dia realmente haverá de estar. Hoje não sou necessária a ninguém, para que comam, se vistam, existam, hoje ninguém há de me chamar, ô onde está o açúcar?, hoje não há quem vá me achar falta, ô cadê o almoço? Hoje não sou para a existência dos outros.

Levanto com aquela sensação de que a morte me chama.

Hoje atendo a seu clamor.

Procuro roupas leves que ainda me sirvam, é difícil encontrar. Minhas roupas não são mais minhas, são de uma outra que ficou para trás, mais jovem e magra e ágil. Encontro essas roupas dela e me irrito. Ela me traiu, deixando-me tão vazia dela, mais e mais a cada dia.

Bufo. Respiro.

Não posso estar assim para falar com a morte. Adivinho nada dos assuntos que ela terá a tratar comigo e não posso chegar assim dividida.

Visto-me enfim e, ao me olhar no espelho, encontro atrás de mim, perto de mim, a outra que fui a me puxar pela mão. Vem, é hora, ela me chama.

Vem, é hora, ela me chama e vamos.

Saio para a rua com meus passos lentos. A idade e o peso me custam. A outra eu, apesar de mais jovem e ágil, não se apressa, caminha a meu lado e diz Vem.

E eu vou.

Nossos passos próximos arrastam mágoas, purificadas contra o asfalto quente.

Nossas mãos dadas suam mas não nos soltamos. Não mais.

A mata ao final da rua esverdeia e cresce ao ritmo de meus passos. Quando piso no verde acastanhado da terra, escuto barulho.

A outra-eu fecha os olhos. Eu a imito. O barulho da floresta curva-se e nos saúda.

Lembre-se, ela me pede.

As árvores se agitam, balançando os galhos. As sementes no oco de suas cascas se agitam com o movimento dos galhos mais altos. O barulho que produzem é como um chocalho de diferente espécie, com som de pássaro ou de outro bicho selvagem.

E eu lembro da época de meninice, em que acreditava que existia um espírito da mata e que essa alma é que me saudava.

Uma menina pula a meu lado e me belisca, aponta para o alto. Sementes de outra espécie flutuam.

Helicópteros, a menina exclama. Ela deixa que uma semente pouse em sua mão aberta e me mostra as três hélices que carregam a pequena semente. E a criança a lança novamente no ar, para que a vejamos descer girando. A menina me diz Vem.

E eu vou.

Adentramos o caminho mal traçado da mata.

Sinto a brisa em meu rosto. Lembro de quando era mocinha e acreditava que a brisa assim roçava para escutar os versos que eu declamava apenas a ela, em segredo e comunhão apenas de nós duas.

A brisa é leve e tem aroma de capim-cidreira, folhas de luminoso verde-claro. A mocinha, pouco mais velha que a menina e mais nova que a outra-eu, sussurra palavras para a brisa que nos rodeia. Palavras a nós quatro e à brisa. Versos de orações consagradas a tinta alguma, nunca. Uma oferenda de segredo e poesia. E a brisa gira, se anima e levanta as folhas pelo chão. As árvores nos escutam cochichar e se agitam mais uma vez, atiçando suas sementes a cantar com a voz de pássaros.

Diferentes sementes se desprendem pelo ar e descem rodopiando, zunem. E cigarras estouram de gritar, elevando a mata e despertando algo, algo a mais.

A mocinha que ali estava e que um dia fui, me olha. Ela esconde o sorriso com a mão, como envergonhada fazíamos, e eu vejo a marca do ferro em seu antebraço, perto do pulso, e lembro daquele dia em que nos queimamos no ferro de passar, desgrudamos puxando a pele até arrebentar a carne e o sangue. Mesmo com a dor, terminamos toda a roupa e depois tratamos da ferida. Tenho pena da mocinha, tão solitária, e a abraço. A menina pequena e a outra-eu também nos abraçam. A brisa nos circula e sussurra Vem. E nós vamos.

Andamos até a copa das árvores se curvarem e tamparem o sol. Andamos até o caminho se perder de trilhas e se encher de folhas e pequenos insetos.

Lembro do dia em que fizemos uma fazenda de formigas, e de outro dia em que salvamos uma libélula, e de outro em que abelhas nos engoliram em nuvem, sem nos picar nenhuma.

A alma da floresta assovia e a mata se cala. A quietude se espalha e cresce imensa. A luz pisca, falha e quase se apaga.

Escutamos passos, passos leves. Escutamos estalidos de gravetos, qual ossos da mata.

À nossa frente, ao longe, no lusco-fusco de quase escuridão, acendem pequenos faróis amarelos, como vaga-lumes parceiros que voam lado a lado. Piscam, acendem, apagam, piscam, acendem, apagam e se aproximam até revelar que são o que de fato são: uma grande pantera.

Pantera que nos espreita há tanto tempo, assombra as horas noturnas, cresce qual sombra ao pôr do sol. A fera, pele de veludo, dentes a cortar o ar, garras a sangrar a terra.

A pantera caminha devagar, com a segurança que apenas um grande felino tem. Pata ante pata, de pressa alguma. Seu pelo aveludado nos dá vontades incautas de nos aproximarmos e afagá-la. Mesmo em meio ao medo, admiramos a beleza selvagem. Terrivelmente bela. Tão terrivelmente bela.

Ela fareja o ar e abre a boca para sentir nosso sabor na brisa. Pata ante pata. Sua cabeça, de elevada, se abaixa à altura de seus ombros e ela se detém. A beleza que é dela, é dela inteira, podemos reconhecer essa verdade mesmo quando tanto nos assombra.

    A pantera arfa e suas pupilas amarelas nos olham, espreitam, observam.

    Sinto minhas mãos dadas à outra-eu e também à menina. Escuto rastelo de passos e esgueiro meus olhos para trás. Não enxergo claramente, mas há muitas de mim ali. Lembro de mais dias, lembro da vez em que eu disse não quando o que eu mais queria era ter dito sim, e sinto o rímel escorrido pelo suor de meu rosto, latejam meus pés que ardem de tanto correr. E me lembro de quando disse sim ao sim que queria e me casei vestida de branco, e escuto o som arrastado da cauda de meu vestido. E me lembro do nascimento de um filho, e depois do outro, e do outro, e me escuto a gemer e a rir, de pavor e dor e alegria, por ser tão possível a nós, mulheres, gerar e dar vida à vida.

    E a vida me contou segredos, estão aqui, também, as que eu fui quando a vida fez de mim sua testemunha. Milagres que apenas eu vi. Uma mulher a cada fase, a cada dia. Estava ali a jovem grávida, feliz por ter sonhado ter sido abençoada por uma ciranda de mulheres sábias. A que eu fui, criança espantada, também estava ali, a que tinha acabado de presenciar o último suspiro de um pássaro caído do ninho, e a que fui, imersa em outro tipo de espanto, quando vi letras serem desenhadas nas nuvens. A que fui no dia em que comandei a neblina para que ela desaparecesse. Todas estávamos ali, juntas. Eu me lembro de tantas.

    De tantas me lembro. Dia ante dia, a que fui naquele dia, e no outro, e no outro, dia ante dia. E hoje nós ali, diante da pantera. Muitas de nós, em coro, em êxtase, admirando o luminoso veludo da fera.

A outra-eu me sorri e fecha os olhos. Eu a imito. A voz da mata curva-se em folhas e nos saúda. Escuto-me dizer em muitas vozes para lembrar. E eu me lembro. E repetimos, Vem.

Sou muitas e somos uma.

Lembro não da idade e dos pesados anos, mas da sabedoria ante vivências, passo ante passo, da esperança ante tempestades, passo ante passo, da coragem de sorrir. Somos uma de muitas, inspiramos o ar fresco e ele nos enche de vontades.

Somos imensidão.

Eu imensa digo Vem. E vamos.

E olho para dentro do amarelo dos olhos da pantera. Ela treme. Nós trememos. E reconhecemos nosso desejo de sermos veludo, de patas leves, de corpo felino e selvagem. Tão soltas e livres, Panteras seremos, dizemos, sonhamos. E a pantera desloca o equilíbrio de seu peso para as patas traseiras, recua, suas orelhas se retesam baixas. Em meio ao assombro, dela e nosso, admiramos sua felina natureza, de garras e pelos e força. Mesmo assim, em meio ao medo, não há como não admirar seus movimentos, não há como não desejar sua selvagem leveza.

E olhamos para as íris amarelas, e de dentro delas, nos olhamos de volta e chamamos Vem.

Vem.

Vem.

Vem.

Suave coisa nenhuma

Asas esmagadas no asfalto. Nem se vê o corpo. Uma asa aqui, a outra um pouco adiante. Como um pássaro pode ser atropelado? Asas de uma pequena ave de rapina. Lembrava delas voando sobre as plantações de trigo, longe, tão longe que poderia ser um sonho e não uma memória.

Acelero.

O carro está a 60km/h, na exata velocidade permitida. Mais à frente há um radar, mas isso pouco importa, eu não preciso brecar, eu vi a placa com a velocidade então eu sei, todos sabem, embora ache que isso não tenha feito diferença alguma para o pássaro no asfalto.

O barulho do vento na janela entreaberta me enerva e fecho por completo os vidros. Está abafado. Mas o clima está mudando. Nuvens se juntam e logo sopra aquela brisa fresca, prenúncio de chuva.

O tanque está cheio. Abasteci hoje pela manhã. Calibrei pneus. Preparei o porta-malas.

São três e meia.

Às três e quarenta estaciono e entro no café. Marquei às quatro, mas gosto de chegar antes. Gosto de observar quando entram, os olhos vagando, perdidos, os gestos indecisos, os passos que parecem ensaiar uma valsa, movimentos erráticos que nunca dão em nada. Em geral demoram a me achar. Eu nunca vou com a roupa que disse que usaria, nunca estou na mesa que esperam, difícil me encontrar. Dessa vez, escolho uma mesa de quatro lugares, sento próximo à janela. A brisa é deliciosa. Sim, vai chover mais tarde. O clima vai virar.

Coloco a bolsa na cadeira ao lado. Não gosto que sentem perto.

Levanto os olhos e uma moça está à minha frente. Não escutei seus passos, nem o arrastar da cadeira, nem nada, e aqui está ela.

A moça nada diz, apenas senta. Coloca as mãos sobre a mesa, unidas, as pressiona, estalando as juntas dos dedos.

Pisco e evito sorrir, evito sorrir a todo custo até entender bem a situação em que estou. Temos, todas nós, essa mania irritante de sorrir e ser agradáveis, educadas, domesticadas.

Então outra pessoa se aproxima, um rapaz, usa avental com logotipo do estabelecimento.

— Querem pedir alguma coisa?

— Dois expressos puros – ela fala sem se virar e o rapaz entende que deve sair sem a cordial socialização ensaiada.

Ela me surpreendeu. Há tempos não acontecia isso. Eu ficaria curiosa se não estivesse irritada por ela ter estalado os dedos.

Espero que ela comece a falar, mas fica quieta. Continua a segurar as próprias mãos sobre a mesa e a me encarar. Seus olhos não parecem buscar uma resposta, conforto, validação, tampouco me afrontar. Olha para mim como se observasse, talvez, o seu reflexo no espelho.

Não consigo evitar. Coloco minhas mãos sobre a mesa, imitando-a.

Ela suspira e se inclina para trás, recostando-se na cadeira, recolhe as mãos no colo. Eu me encosto também e puxo minha bolsa, pego um maço de cigarros e o coloco sobre a mesa. Tiro um e o deixo sobre o maço. O aroma do cigarro, mesmo apagado, me acalma. Não que eu precise me acalmar. Não que eu tenha que me acalmar. Não que eu deva me acalmar.

O garçom traz os cafés, sem a mini taça de água com gás. Heresia. Sinal dos tempos.

— Senhora, é proibido fumar.

— Ela está fumando? – a moça pergunta, braços cruzados.

O garçom abre a boca para responder mas fecha, batendo os dentes no processo.

— Mais alguma coisa? – ele diz.

Sim, por favor, mais gentileza, mais delicadeza, um gesto mais suave, qualquer coisa mais suave que essa tão antediluviana estupidez. Impossibilitadas de explicar isso em menos de um milênio, fazemos que não e ele se vai.

Provo o café. A espuma ainda tem consistência, como a de um creme recém-batido. O líquido é quente, mas não muito, ideal para não ferir demais o paladar sensível. Morno demais para mim. A xícara bate no pires, o cigarro tomba de cima do maço, eu o amparo com um dedo, me remexo ao lembrar do garçom e de como ela me defendeu.

— Eu sei lutar minhas lutas – eu digo.

— Um "obrigada" não vai te matar – ela retruca.

— Foi esse tipo de atitude que te causou problemas, não?

— Pensei que você fosse dizer "te meteu nessa enrascada".

— Não diria isso. Você ainda tem opções.

Ela inclina o pescoço para trás e mira o teto. A alça de sua camiseta cavada escorrega pelo ombro esquerdo. Vejo traços rosa, algumas pétalas, tem ali uma tatuagem que deve descer pelo seu colo. Ela volta os olhos para os meus. Em momento algum faz o gesto de arrumar a alça.

— Não era certo – ela diz, enfim.

— E você achou que ficaria tudo bem depois de reagir... responder em público... confrontar tudo... a pleno pulmão e com os punhos no ar – eu disse e me referia não ao garçom, mas ao motivo pelo qual ela contratara meus serviços.

— E estava tudo bem? Eu fiz... faço o que acho certo.

Eu pego o cigarro e o levo à boca. Sinto os olhos do garçom queimarem em mim. Tiro o cigarro entre os dedos e baforo a fumaça invisível no ar acima de nossas cabeças.

De soslaio, percebo que ela me contempla.

Abro um botão de meu casaco, depois o outro, como se obedecesse ao compasso de uma música que o universo tocasse para mim, exclusiva e fervorosamente.

Afasto com os dedos o tecido do casaco de algodão, revelando meu torso nu. Meus seios pequenos são perfeitos para salientar as letras marcadas em tinta preta em minha pele.

Escuto o ruído inconfundível de pratos e copos sendo espatifados contra o chão, enquanto ela move os lábios, lendo em voz alta.

— Liberdade.

Ela balança a cabeça. Tira sua regata. A tatuagem que principiava no ombro descia pelo colo e formava duas rosas em seu peito liso. Letras em escrita cursiva, em vermelho, diziam Fraternidade.

— Onde está Igualdade? – eu pergunto, já me levantando e pegando meus pertences.

— Roubaram.

Ela acende um fósforo e o aproxima de mim. O cigarro em minha boca, aceso por seu fogo. A cafeteria em profundo silêncio e espanto.

Eu baforo no ar. A fumaça baila, espirais em elevação expandem-se, aglomeram-se e se condensam em murmúrios. Não demora muito para os murmúrios crescerem, eu sei, sabemos. O clima muda, mudará, pode vir chuva, quem sabe, trovões, raios, quem sabe, eu sei apenas que mudará, e a mudança é sempre bem-aventurada em tempos de aridez.

Pego as chaves do carro. Brinco com o tilintar da chave contra o chaveiro de metal. O pingente é uma mariposa que voa, leve voa e pousa.

— Vamos. Vamos buscá-la.

Travessia

...

— não vai sentir nada por um tempo. Mas é normal em sua condição
— qual condição?
Eu pergunto e ela sorri. Não. Ela não sorri. Quis sorrir mas se detém antes de sorrir. Como se a agarrassem no momento da queda e seu braço se distendesse, rompendo alguns ligamentos. A dor extrema da salvação é, por um segundo, a única sensação de estar vivo.

...

As cortinas se abrem. Lá fora, o tempo nublado tinge o ar de cinza.
O consultório é estéril. Não estou no hospital mas há aquele cheiro de hospital no ar. Uma sauna, mas sem o odor de eucalipto. As paredes se aproximam de mim, não importando o quanto eu as encare para que parem de se mover.
A médica tecla absorta em seu computador. Por um momento penso que ela escreve um romance. Um romance rosa, em que sobram olhos penetrantes, peitos fartos, abdome rasgado.

Abdome rasgado é uma descrição bem rasa para um personagem. É mais próprio de um filme de terror com serra elétrica. Se o herói é atlético, por que não dizer apenas atlético? É mais honesto e direto. Mas aí não seria um romance rosa.

Ela me olha e diz

— seus receptores estão ok, mas o teste continua inconcluso. Não vai sentir gosto, não vai sentir nada por um tempo. Mas é normal em sua condição

— qual condição?

Eu pergunto e ela sorri. Não. Ela não sorri. Quis sorrir mas se detém antes de sorrir. Como se a agarrassem no momento da queda e seu braço se distendesse, rompendo alguns ligamentos. A dor extrema da salvação é, por um segundo, a única sensação de estar vivo.

...

Trovões.

Mas a chuva não cai. Tempo nublado. Eu abro as janelas do quarto do hospital. A brisa traz o cheiro de chuva, um cheiro diferente do de água sanitária. É mato e terra molhada.

Minha mãe me dizia que não se devia sentir o cheiro de terra molhada. Fazia mal à saúde e me impedia de respirar quando me deitava à noite. Não era isso. Era asma. Mas por vezes a gente não sabe o nome próprio das coisas. Coisas são coisas. Se nos fazem mal, são coisas ainda assim.

Abro a janela e a brisa é do lago. De um lago qualquer. Meu pai já havia pescado em tantos que, quando ele se ausentava, o lago vinha até ele para se certificar de que o universo continuava em seu lugar.

Meu pai dorme. Não. Ele não dorme. Está de olhos fechados porque assim é mais fácil a todos nós. Eu pego a bíblia em sua cabeceira e leio as páginas que ele havia marcado. Papéis, folhas secas, um terço
— leia para mim
Os olhos dele estão fechados. Ele não quer abri-los mais.
Eu prendo a respiração, o pedido dele afunda e se dissolve no silêncio.
O cheiro de chuva se foi sem haver chovido.
Em algum lugar longe daqui. Eu não entendo por que não chove mais como antigamente.

...

Na linha do horizonte, pássaros voam. Estamos sentados próximos ao lago. O sol cai mais rápido agora em direção à terra. Uma aura rosa contorna os pássaros. A cor se alonga pela fina linha que divide a noite do dia. Não é rosa pálido, não é cinza. É rosa, tão plena cor quanto poderia ser. E os pássaros arrastam o cor-de-rosa, como que a uma carruagem
— quando fica assim, vai chover
Meu tio-avô diz. Meu avô concorda em silêncio. Meu pai pega em minha mão sem olhar para mim e diz que não chove mais como antigamente. Eu prendo a respiração.
Eu, uma menina pequena, e aqueles três homens são gigantes. Eu deixo minha mão quieta por sob a mão de meu pai. Se a mexer, nem que um milímetro, tudo desaparecerá.
Olho para os pássaros no horizonte. Não estão mais lá para serem vistos. Seu rastro rosa continua por um tempo.

...

— sim, sim, está melhor. Graças a Deus, está melhor

...

Quinze para as três da tarde. Fico sentada na secretaria esperando. Nunca imaginei que igrejas tivessem secretarias, mas é lógico se se pensar a respeito.

A secretária conferiu meu nome em uma lista e pediu para que eu aguardasse.

Para chegar até ali tive de entrar na igreja. Não é tão óbvio quanto parece pois há uma porta externa e lateral de acesso direto à secretaria. Eu havia tentado abri-la antes, mas estava trancada. Não tive escolha a não ser ir para a frente da igreja e adentrar pela porta de folhas duplas de madeira, esculpida com o sinal da cruz, emblema do Império Romano depois que aposentaram a águia. Nas aulas de História me disseram que os romanos esculpiam seu emblema por sobre os símbolos pagãos como uma forma não apenas de apagá-los, mas neutralizá-los. Isso foi bem antes de terem decidido matar Jesus e mudado de ideia um pouco depois.

Não, não foi nas aulas de História. Foi meu pai. Ele quem me disse. Seus livros sobre História enchiam toda uma prateleira, bem acima dos livros de Erich von Däniken e abaixo dos volumes de Caio Prado Júnior. Ele tinha uma biblioteca eclética, como deve ser, abrigando ideias tão diversas, pacificamente controversas entre si. Que fim deram seus livros? Eles continuariam a ser lidos para depois serem debatidos, assuntos todos entrecruzados, em noites claras de verão?

Meus passos soavam ríspidos, embora eu não fosse uma pessoa ríspida. Soavam entretanto como soavam.

Cheguei na secretaria e disse meu nome. A senhora por trás do balcão me deu um folheto para que eu lesse enquanto esperava.

Às três horas, a porta se abre e o padre me chama. Devolvo o folheto

— está novo em folha

Meu humor é tão convincente quanto a simpatia dela. Tão logo entro, a porta se fecha.

O padre, mais ágil do que eu havia previsto, já se sentou em sua poltrona atrás da mesa de mogno.

Ele beija a faixa que traz no pescoço, por cima de sua roupa de civil. Não sei os termos. Parece-me apropriado dizer faixa e roupa de civil. Ele a beija

— meu pai está doente

— a doença é uma forma de pensarmos em

— quero que o senhor dê a ele a extrema-unção

— filha, não usamos mais esse termo. É uma bênção como qualquer

— tem que ser logo

Ele fecha as mãos como que em prece. O silêncio é tão vasto que escuto dali o motor do bebedouro que está na secretaria. Ele suspira e se levanta, circula sua mesa e se senta a meu lado. Pega minhas mãos entre as suas

— a fé move montanhas. A fé é o bálsamo. A fé cura os enfermos. Se seu pai tiver fé, ele será

— juro por Deus, padre, juro, estarei lá quando o senhor for dar a extrema-unção. E, se abrir sua boca para falar isso para ele, vai ter que comer hóstias por canudinho pelo resto de sua vida

Ele treme antes de soltar minhas mãos. Seu silêncio de agora é diferente do de antes. Não há nome para isso.

Li em algum lugar que na Groelândia há uns dez tipos de branco. Branco-polar, branco-gelo, branco sei lá mais como. É equivalente ao nosso verde. Temos várias formas de qualificar o verde pois o temos aqui em abundância.

Ao que parece, ali, naquela sala que chamam de sacristia, faltava algo sobre a abundância de silêncio.

...

Minha mãe me liga no dia seguinte
— seu pai! Seu pai! Oh, Deus. Sim, sim, sim, está melhor. Graças a Deus, está melhor
Chego a casa de minha mãe para me deparar com a cama desarrumada e vazia
— foi pescar, acredita?
Não, eu não acredito.
Ela me diz o nome do pesqueiro e eu resolvo dirigir até lá
— não corra na estrada! Vai chover
Minha mãe profetiza e acena para mim.
Ela sempre teve um jeito especial de acenar para mim. Dizia que era nosso segredo. Quando tudo estivesse bem, ela acenaria assim, como uma daquelas mulheres que aparecem nos filmes americanos antigos, que ficam no porto, e agitam seu lenço branco para o amado que parte no transatlântico.

Aquele é nosso sinal secreto.

...

Nem doce. Nem amargo. Nem forte. Nem fraco.
Café sem gosto.
Lembro da médica e de seu computador. Eu não vou sentir gosto por um tempo.

Bebo outro gole do café, o pó de grãos se ajunta no fundo da xícara. Um lobo. O desenho que se forma é o de um lobo com três rabos. Tive cachorros e gatos. Eles sempre duraram muitos anos.

Há um espelho na parede à minha frente, um daqueles grandes e gastos espelhos que existem em lanchonetes de posto de gasolina. Jovem, cabelos escuros e curtos, olhos cinza. Minha pele é do exato tom da parede da lanchonete. Eu preciso tomar algum sol. Facilitaria se viesse em cápsulas.

Sorrio.

Não, não sorrio. O reflexo no espelho me denuncia. Eu não sorri, nem sou jovem. Meus olhos cinzas a me ignorar e mesmo assim me encarando

— onde fica o Maia?

— não é longe. Um tirinho de espingarda

O atendente arruma o chapéu e finge cuspir em uma tina. Uma tina como aquelas de filmes de faroeste antigos. A lanchonete é decorada em estilo western. Viva os filmes americanos. Não, eu nunca diria isso. Está escrito no pôster ao lado da foto de John Wayne.

Não entendo a razão de uma lanchonete temática naquele fim de mundo. Não que haja muita opção. Não há outra por longo trecho de estrada. Pouco importando se for country ou azul com bolinhas brancas, o viajante tem de parar aqui mesmo. Tanto faz mesmo. Talvez por isso a dona, ou o dono, ousara decorá-la a seu gosto. Não importando a opinião de ninguém, apenas a sua própria, seguindo o que pedia seu mais sincero sonho. Óbvio como é extravagante seguir um sonho

— quem é o dono?

Não me contenho e pergunto.

O rapaz com o chapéu de palha indica com um gesto de cabeça a pintura no outro extremo da sala.

De onde eu estou não a vejo direito, então ando até ela. A moldura é trabalhada e deve ter sido branca à época da inauguração. É maior que o espelho, mas faz com ele um paralelo na decoração. O espelho de um lado do salão e o quadro ao final dele.

O homem na pintura é robusto. Não gordo, robusto. Forte e largo. Seus ombros são retos como o horizonte, um dos pés está sobre a carcaça de algum animal. Seu rosto, de lado, mirando algo que eu não posso ver. Seus olhos quase fechados em uma linha de compenetração e orgulho.

Estendo o braço e toco a tela. Ela afunda com o peso de minha mão e escuto um rangido. É uma tapeçaria e não uma pintura. Um retrato em uma tapeçaria?

Escuto risadas vindas do balcão. Os aspirantes a caipiras riem de mim.

Não é o retrato do dono. É apenas uma tapeçaria qualquer.

Eu sorrio.

Não, não sorrio. Saio da lanchonete sem pagar pelo café.

Que os filhos da puta me persigam a cavalo.

...

A estrada se alonga mais do que deveria.

Sempre odiei a expressão "um tirinho de espingarda". Nunca se sabe se é longe ou perto. Parece que é normal confundir um pouco as coisas.

Ligo o rádio pela milésima vez. Estática apenas.

Meu pai dizia que ETs viriam buscá-lo. Ele me disse isso naquela noite, ao lado da piscina. Um objeto não identificado tinha caído no sul do país. Ele me contou. Seus olhos brilhavam. As estrelas lá em cima brilhavam.

Me descreveu o objeto com detalhes. Era grande e tinha cerdas. Pelos, ele me sussurrou. Deve ser uma nave. As naves são seres vivos também, sabia?

Não, eu não sabia. Isso não era surpresa para ele. Não para alguém que havia lido todos os livros de Erich von Däniken

— eles vêm me buscar

— eu não deixo

— você não tem de deixar nada. Essas coisas acontecem

Coisas sempre acontecem, eu pensei. Daí um lampejo passou por seus olhos como estrelas cadentes

— deve ser isso. Essa minha doença é traço da radiação que eles deixaram. Eles então já vieram me visitar. Mas, se eles já vieram por mim, por que não me levaram?

Engoli minhas ideias. Mesmo que as vomitasse não conseguiria juntá-las devidamente. Não havia como organizar nada naquela bagunça

— é uma merda, filha. A gente acha que essa merda acontece no fim, mas não, não chega no fim. As coisas acabam no meio

Eu prendo a respiração. Não acho nenhuma resposta além do meu silêncio.

Os olhos dele brilhavam. As estrelas lá em cima brilhavam. Eram elas reflexos dos olhos dele em um vasto negrume.

...

Only you
can make this world seem right
Pulo no volante e o carro dança na pista.

Only you
can make the darkness bright
O carro desliza de um lado para outro até estabilizar.

Me assustei quando o rádio ligou do nada, mas também fiquei contente, ele funcionou, enfim.

A música não é das melhores, mas não mudo. Melhor isso do que estática.

E, além do mais, não é a pior das músicas. É a versão gravada pelo John Lennon.

No retrovisor brilham luzes vermelhas e azuis. Sirene. Porcaria

— documentos, por favor
— o quê?
— documentos! Desliga essa merda
— é Beatles
— a senhora não pagou sua conta

Aqueles caipiras da lanchonete chamaram a polícia. Por um café!

— foi um café
— não importa. São princípios
— pago pro senhor, então?
— saia do carro

Depois ele me pede para voltar ao carro e o seguir até o posto policial. Pensei que ele leria meus direitos como em algum filme barato, mas não. Ele não leu.

...

— que é isso, seu guarda? Foi um café
— e guiar perigosamente
— o rádio tá com problema. Vou andar com ele desligado. Preciso ir
— e o extintor de incêndio vencido

— até parece que alguém já se salvou por isso
— e caminhando para o desacato
Calo-me. Ele anota em uma caderneta
— seu guarda, tem de ter um jeito de resolvermos isso
— desacato
— calma lá
— olha, dona, se eu fosse a senhora pararia de falar antes de piorar ainda mais sua situação

...

— então, moça? Coincidência, minha prima tem o mesmo nome que o seu
— sorte dela
— eu sou Vida
A mulher sentada na poltrona cruza as pernas. Impossível não comentar nada a respeito do nome dela. Um milhão de cretinices estão afoitas para saírem de minha boca. Eu as ignoro.
O policial me fez esperar duas horas em uma estação à beira da estrada até que o encarregado chegasse. Era ela. Vida. Uma senhora de uns 60 anos, provável que uns cinquenta passados dentro de uma academia de muay thai.
— então, moça?
Ela repete a pergunta com interesse
— devo ter excedido a velocidade
— não foi bem isso que o Antonio me disse
— o policial?
— não o Antonio trabalha na lanchonete. É um funcionário exemplar. Não falta nem um dia sequer
— o café
— sim, o café

— não sei por que tanta tempestade por um café
— não é um café. São princípios
— vocês são obrigados a falar isso?
— hoje é um café, amanhã é um carro-forte, e depois o que será?
— princípios
— princípios, princípios, princípios
— eu tenho que pedir desculpas pro Antonio?
— não vamos fichá-la. Ele retirou as acusações
— acusações? Foi apenas um café
— e vandalismo
— o quê?
— você rasgou um quadro
— eu posso ir, então?
— Sabe, já tive sua idade. Sei como é passar por tudo isso. Os hormônios, a sociedade, as crises, o machismo, as confusões. Tudo parece emaranhado. Mas, quando tiver um emaranhado, não pense que é um nó, apenas linhas fora do lugar
— mas eu
— tenho que te falar, eu vejo muita merda. Muita merda acontece por besteira. Hoje você não vai ser presa. Não foi o acaso que te trouxe aqui, nenhuma coincidência. Hoje você ganhou um conselho e a liberdade. Considere-se com sorte

Não foi o acaso, foi meu carro velho e o rádio com defeito. Não disse nada, mas meus pensamentos escapam em uma respiração irônica.

Vida balança a cabeça e cruza os dedos nas mãos unidas sobre a mesa. O olhar que me dirige poderia perfurar meu crânio. As palavras dela se agitam como punhos socando meu estômago

— Muita merda acontece por besteira

Ela repete e eu penso em tudo o que poderia me acontecer, e cada previsão se contorce e rodopia. Vida, então, levanta um dedo para mim e continua:
— e não esqueça
— princípios
— princípios
Conselhos. Difícil esquecer se ela não para de os repetir.
Fico em silêncio.
E para explicar àqueles que não vivem em lugares com abundância desse elemento, é o tipo de silêncio que existe em meio a lugares escuros.

...

Deram-me uma repreensão leve.
Tive que pedir desculpas formais ao Antonio, que veio para o posto policial especialmente para recebê-las. Não foi o acaso nem coincidência alguma isso também. Ah, e eu tive de pagar pelo café e danos ao patrimônio. Acho que essa deve ter sido a parte da sorte.
Espero, de coração, que meu pedido de desculpas seja acompanhado pelo mais nefasto aneurisma. Muita merda também pode acontecer com o Antonio.
Muita merda acontece por besteira todos os dias. Nem sempre será comigo.
Volto à estrada sem tocar no rádio.

...

Não lembrava da última vez que havia pedido desculpas por algo. Nem que haviam me pedido.
Esses detalhes desaparecem.

São tantos relatórios e burocracias. O dia é atolado em papelada, permeado por raros bons-dias e margeado por infindáveis OKs.

Mas desculpas são inexistentes.

Quando me atropelaram não me pediram desculpas. Foi há muito tempo. Eu era pequena, andava de bicicleta e uma moto passou e me derrubou. O motorista deu meia-volta e me gritou um Você está bem?, eu indiquei meu joelho ralado, ele acelerou e disse Vai passar. Apenas isso, vai passar.

Eu me lembro de outra vez. Ainda quando eu era menina, brincava de cortar as folhas do jardim e, sem ver, fatiei um louva-a-deus. Quando notei o inseto, juntei seus pedaços, certa de que eles grudariam magicamente. Mas não. Os pedaços não se remendaram. O que era um louva-a-deus antes talvez fosse naquele momento outra coisa e não um inseto partido ao meio. Chorei mas não me lembro de ter dito as palavras.

Talvez não a digamos sempre por ser assim tão assustadoramente inútil.

...

Pesqueiro Maia, saída 60.

Estaciono sob um salgueiro. Entrar embaixo dele foi como atravessar algum portal místico. As folhas em cascatas arranharam o capô do carro criando um som não tão desagradável. Saio do carro e olho para cima, para os lados. É como estar em um cogumelo de folhas, uma tenda.

Não há sol, e por entre os ramos que balançam, vejo apenas a luminosidade difusa do dia nublado.

Deixo os ramos roçarem meu rosto e meu corpo. Sinto os galhos em meus braços, como que me acariciando, abençoando minha passagem. Árvores não sabem como nos deter, segurar. Mesmo os cactos com seus espinhos, eles parecem ameaçadores, mas, se quisermos passar por entre eles, passamos. Levamos alguns espinhos fincados, mas eles não nos impedem. Eu escolhi um salgueiro. É mais agradável do que cactos, e suas folhas em meus braços parecem mil mãos a me saudar.

O pesqueiro está vazio.

Ali, ao lado da entrada, fica o restaurante. Está fechado. Não tenho ideia de que horas são, mas a luminosidade diminui. Dias nublados também entardecem.

Escuto um trovão ao longe e um brilho corre nas nuvens. Sempre gostei desse tipo de raio, o que passa entre as nuvens. Pula de uma a outra. Se esconde e depois pula de novo. Faz desenhos no ar que mais parecem fios de teia de aranha. São tão rápidos, como estrelas cadentes.

Então, ali, junto à margem do lago. Ele está sentado e acenando. Parece ter me visto antes que eu o visse

— pai

— shish, vai espantar os peixes

Meu pai e sua velha cadeira de praia. As varas fincadas no barro e a linha estendida até as águas. A pescaria exige outro silêncio, um mais esparramado e contemplativo.

Ele aponta para a cadeira vazia a seu lado. Pego o livro que está nela e me sento. O livro em meu colo.

O lago cinza no dia nublado. Não há aquele brilho por sobre as águas. Seria um péssimo dia para praia, mas perfeito para pescaria.

Uma das varas enverga e meu pai me detém antes que eu a puxe

— paciência

Ele sussurra

— paciência

Repete.

Ele já havia me explicado mas eu sempre me afobo. É preciso deixar que o peixe se canse antes de tentar tirá-lo d'água. Senão a linha se quebra

— não dá pra remendar a linha, mas isso não é motivo pra desistir da pesca

Ele adorava pescar.

Observo, tensa, contando uma fileira de números em minha cabeça, esperando

— respire fundo

Ele sabe que eu estou ansiosa. Afinal ele é meu pai e sempre será.

Respiro. O ar da lagoa tem aquele cheiro, aquele cheiro dele. De água, e terra molhada.

Respiro de novo. A linha está tensa mas não se arrebenta. Basta esperar.

Respiro.

Quando a linha para de se sacudir, ele se levanta e puxa o peixe. Escamas douradas. As águas pálidas refletem o dourado, até o cinza do céu se encharca dele.

Coloca o peixe no samburá e me pede para reunir as tralhas e o seguir.

Demoro mas o alcanço. Ele já está em um dos quiosques próximos do lago. Ali há pia e também um lugar próprio para se preparar uma fogueira para assar o peixe. Como homens de verdade fazem, meu pai sempre dizia

— leia para mim. Está aí marcado onde eu parei

Deixo os apetrechos no chão e pego o livro no meio deles.

Tudo tem seu tempo. Há um momento oportuno para cada coisa debaixo do céu: tempo de nascer e tempo de morrer;

Meu pai limpa o peixe. Primeiro ele o lava na pia.

Tempo de plantar e tempo de arrancar o que se plantou; tempo de matar e tempo de curar;
Depois o coloca sobre a tábua, passa a faca contra as escamas até retirar todas.
Tempo de destruir e tempo de construir;
Corta fora as nadadeiras. Abre a barrigada e puxa as vísceras para fora.
Tempo de chorar e tempo de rir;
— pop!
Falamos juntos quando ele fura a bexiga natatória. Lembrei de que eu costumava rir disso quando era criança. E lembrar daqueles dias me fez sorrir.
Tempo de lamentar e tempo de dançar;
Ele assa o peixe na fogueira.
Tempo de espalhar pedras e tempo de as ajuntar; tempo de abraçar e tempo de se afastar os braços; tempo de procurar e tempo de perder; tempo de guardar e tempo de jogar fora; tempo de rasgar e tempo de costurar; tempo de calar e tempo de falar;
Corta uma fatia e me oferece.
Tempo do amor e tempo do ódio; tempo de guerra e tempo de paz.
Tem gosto. Tem gosto de chuva.

...

Anoitece sem pressa.
O reflexo nas águas se tinge de prateado quando a noite chega. E a noite chega sem nuvens. Amanhã será um dia ensolarado, ele me diz.
Eu sinto um pouco de sono, cansaço pela viagem. Vou deitar no gramado ao pé do lago. Meu pai senta a meu lado

— deve ser isso. Essa minha doença é traço da radiação que eles deixaram. Eles então já vieram me visitar. Mas, se eles já vieram por mim, por que não me levaram?

Meu pai me pergunta e eu não sei o que responder. Penso em pedir desculpas por minha ignorância. Mas daí tenho uma ideia melhor. Talvez não precise ser algo genial. Apenas precise ser de meu coração

— talvez eles ainda não possam, talvez eles venham ainda

— e me levem

— é, pai, essas coisas acontecem. Vivem acontecendo

— é uma merda, filha. A gente acha que essa

— eu sei, pai. É mesmo uma merda

Eu pego sua mão. Nossos olhos brilham distantes.

Está silencioso, o silêncio de vivalma alguma.

Uma brisa morna me lembra de que ele me disse que amanhã fará sol. Talvez faça.

Puxo um mato e coloco na boca. Tem gosto de verde.

O céu noturno é esburacado de estrelas. Uma delas corre e desaparece. Como se fosse um grande peixe a roçar as escamas na superfície da água para depois se afundar nelas.

Quando eu era criança, estrelas cadentes eram mais do que estrelas cadentes. Eram desejos. Quando eu era criança, tudo eram possibilidades maravilhosas. Cada dia, algo a se descobrir.

Cada dia, algo com que se maravilhar.

Uma estrela cadente, um desejo.

E com a força do querer das crianças bem pequenas, eu desejo.

...

Estou em terra firme, o porto é barulho de água e o barco imenso.

Agito no ar o lenço branco. No barco, do lado de lá de mim, ele acena em silêncio.

Barco imenso e meu pai partem.

O marulhar das águas se cala e o silêncio zarpa, salino.

É um outro tipo de silêncio. Aquele que começa aos poucos. Um silêncio que se alonga sem se romper. Quanto mais se afasta, menos se agita. E, se não naufraga, tampouco sobe à superfície, mas eu consigo enxergar. Molho os pés ao pisar nele, água até os tornozelos, sinto que é firme como uma ponte.

Dessa ponte não enxergo o meio, tampouco o final – e, por ela, eu me atravesso.

...

© 2024 Érica Nara Bombardi
Todos os direitos desta edição reservados à Laranja Original

www.laranjaoriginal.com.br

Edição
Germana Zanettini
Projeto gráfico
Iris Gonçalves
Ilustração da capa
Priscilla Menezes
Foto da autora
Arquivo pessoal
Produção executiva
Bruna Lima

Laranja Original Editora e Produtora Eireli
Rua Isabel de Castela, 126
05445-010 São Paulo - SP
contato@laranjaoriginal.com.br

Dados Internacionais de Catalogação na Publicação (CIP)
(Câmara Brasileira do Livro, SP, Brasil)

Bombardi, Érica Nara
Caixa de facas / Érica Nara Bombardi. -- 1. ed. --
São Paulo : Laranja Original, 2024.

ISBN 978-65-86042-95-5

1. Contos brasileiros I. Título.

24-195224   CDD-B869.3

Índices para catálogo sistemático:
1. Contos : Literatura brasileira B869.3
Cibele Maria Dias - Bibliotecária - CRB-8/9427

Fonte: Sabon
Papel: Pólen Soft 80 g/m²
Impressão: Psi7 / Book7